Studies for the Teacher Training ■■□

やさしく学ぶ 教 職 課 程

特別支援教育

是永 かな子・尾高 進 [編著]

学文社

執　筆　者

＊是永かな子　高知大学（1.1，1.2，1.4，コラム）

　千賀　　愛　北海道教育大学札幌校（1.3）

　松田　弥花　広島大学（1.5）

＊尾高　　進　工学院大学（2.1 ～ 2.4，4.5）

　八木　千晶　高知県立盲学校（3.1）

　山中　智子　高知県立高知ろう学校（3.2）

　芝野　　稔　高知県教育センター（3.3）

　川村　泰夫　元高知県立山田特別支援学校（3.4）

　杉本　久吉　創価大学（3.5，3.7，4.1，4.4）

　吉井　紀文　高知県教育委員会事務局（3.6）

　中田ゆかり　高知市教育研究所（3.8）

　小林　　玄　東京学芸大学（3.9 ～ 3.11，4.2，4.3）

　安部　芳絵　工学院大学（3.12）

（執筆順，＊印は編者，所属は 2023 年 3 月現在）

まえがき

　本書は，大学で教職課程を履修している学生が「特別の支援を必要とする幼児，児童及び生徒に対する理解」（以下「特別支援科目」）について学ぶために書かれました。本書のごく大まかな内容と刊行の背景は以下の通りです。

　2019 年度に大学に入学し，教職課程を履修する学生から施行されている教育職員免許法および同法施行規則により，幼稚園，小学校，中学校，高等学校，養護教諭，栄養教諭の各教員免許状を取得するために，特別支援科目の内容について 1 単位以上を修得することが必要とされました。

　現在，学校現場では，例えば発達障害に代表されるように，特別の支援を必要とする子ども・青年をどのように理解し，かれらに対してどのように指導・援助を行っていくか，ということに大きな関心が寄せられています。

　この問題はこれまで，教育職員免許法施行規則に定めがなかったため，特別支援学校の教員免許状を取得しようとする人でもない限り，学ぶ機会が保障されていませんでした。ですから，現在，教員として働いている人のほとんどは，少なくとも教職課程履修の段階では，この点のトレーニングを受けていません。今回の法改正において，特別の支援を必要とする幼児，児童及び生徒に対する理解について新たに学ぶことになった意義を，こうした状況から見いだすことは十分可能であることがおわかりいただけるのではないでしょうか。

　特別支援科目の内容は，みなさんにとってなじみが薄いかもしれません。しかし，この内容を学んでいけば，通常の子ども・青年の教育と本質的には違いはないことがわかってくるでしょう。そして，この内容を学ぶことは，将来，教員になるかどうかにかかわらず，よりよい社会を作っていくために必要であることも理解できることでしょう。

　2020 年 3 月

編者　是永かな子・尾高　進

目　　次

第1章 特別なニーズ教育への流れ

▶キーワード

障害，国際生活機能分類障害，ノーマライゼーション，サラマンカ声明，インクルーシブ教育，子どもの権利条約，障害者権利条約，特別支援教育，特別ニーズ教育

　本章の内容について学ぶことで，障害をどのようにとらえるのかの枠組みを知ること，日本の特別支援教育も外国の動向の影響を受けていること，現状を知るためにも展開過程などの歴史を把握しておくことが重要であること，特別支援教育にとどまらず特別ニーズ教育という視点が今後は求められることなどを理解してほしい。

1.1 障害とは何か

特別なニーズ教育を理解するために，本節では「障害」について解説する。まず障害の定義について確認し，次に障害をとらえるための枠組みである国際障害分類と国際生活機能分類について，その転換の背景と相違点について示す。

1. 障害の定義

障害はさまざまな法律によって定義されている。以下に代表的なものについてみていく。

例えば，**障害者基本法**の定義では，第2条で，「障害者」とは，「身体障害，知的障害，精神障害（発達障害を含む。）その他の心身の機能の障害がある者であつて，障害及び社会的障壁により継続的に日常生活又は社会生活に相当な制限を受ける状態にあるものをいう」としている。

障害者総合支援法[*1]の定義では，第4条で，「「障害者」とは，身体障害者福祉法第4条に規定する身体障害者，知的障害者福祉法にいう知的障害者のうち18歳以上である者及び精神保健及び精神障害者福祉に関する法律第5条に規定する精神障害者のうち18歳以上である者並びに治療方法が確立していない疾病その他の特殊の疾病であって政令で定めるものによる障害の程度が厚生労働大臣が定める程度である者であって18歳以上であるものをいう。2 この法律において「障害児」とは，児童福祉法第4条第2項に規定する障害児をいう」とある。

発達障害者支援法の定義では，第2条に「「発達障害」とは，自閉症，アスペルガー症候群その他の広汎性発達障害，学習障害，注意欠陥多動性障害[*2]その他これに類する脳機能の障害であってその症状が通常低年齢において発現するものとして政令で定めるものをいう。2 この法律において「発達障害者」とは，発達障害がある者であって発達障害及び社会的障壁により日常生活又は社会生活に制限を受けるものをいい，「発達障害児」とは，発達障害者のうち18歳未満のものをいう」とある。

このように，日常生活または社会生活に制限を受けることと18歳が子どもか大人かを分ける区分になっていることがわかる。

ちなみに，特別支援学校の対象になるかを判断する，学校教育法施行令第22条の3では各障害を**表1.1.1**のように規定する。

不可能または著しく困難，頻繁に，常時，継続して支援を必要とする程度の障害のある子どもは「特別支援学校」に就学し，困難，一部援助，軽度の困難，持続的又は間欠的に支援を必要とする程度の障害のある子ども

*1 **障害者総合支援法**：正式名は，「障害者の日常生活及び社会生活を総合的に支援するための法律」

*2 本書では注意欠如・多動性障害と表記。詳しくは，3.11（p.144）の*1参照。

表 1.1.1　学校教育法施行令第 22 条の 3 に規定する就学基準

区分	障害の程度
視覚障害者	両眼の視力がおおむね〇・三未満のもの又は視力以外の視機能障害が高度のもののうち，拡大鏡等の使用によっても通常の文字，図形等の視覚による認識が不可能又は著しく困難な程度のもの
聴覚障害者	両耳の聴力レベルがおおむね六〇デシベル以上のもののうち，補聴器等の使用によっても通常の話声を解することが不可能又は著しく困難な程度のもの
知的障害者	一　知的発達の遅滞があり，他人との意思疎通が困難で日常生活を営むのに頻繁に援助を必要とする程度のもの 二　知的発達の遅滞の程度が前号に掲げる程度に達しないもののうち，社会生活への適応が著しく困難なもの
肢体不自由者	一　肢体不自由の状態が補装具の使用によっても歩行，筆記等日常生活における基本的な動作が不可能又は困難な程度のもの 二　肢体不自由の状態が前号に掲げる程度に達しないもののうち，常時の医学的観察指導を必要とする程度のもの
病弱者	一　慢性の呼吸器疾患，腎臓疾患及び神経疾患，悪性新生物その他の疾患の状態が継続して医療又は生活規制を必要とする程度のもの 二　身体虚弱の状態が継続して生活規制を必要とする程度のもの

（出所）学校教育法施行令

は「特別支援学級」に就学する（平成 25 年 10 月 4 日付 25 文科初第 756 号）。

　このように現在は障害の状態のみならず，本人の教育的ニーズ，本人・保護者の意見，教育学，医学，心理学等専門的見地からの意見，学校や地域の状況等を踏まえた総合的な観点から就学先を決定する。

　他にも身体障害者福祉法，精神保健及び精神障害者福祉に関する法律，知的障害者福祉法，児童福祉法，障害者雇用促進法，国民年金法，障害者の権利に関する条約等，それぞれの定義や対象が異なり，教育，医療・保健，福祉，労働，各国が意味する「障害」は異なっている。

　さて障害の状態のみならず総合的な観点で「障害」をとらえるようになった経過を，**世界保健機関**（**WHO**）が示した 1980 年の「国際障害分類（International Classification of Impairments, Disabilities and Handicaps, ICIDH）と 2001 年の「国際生活機能分類（International Classification of Functioning, Disability and Health, ICF）」の違いを踏まえつつ，確認していこう。

2．国際障害分類とは何か

　20 世紀後半に入って，先進国での寿命の延長，慢性疾患や障害を伴う疾患の増加，戦争や災害による障害者の増加という現実と障害者の人権尊重という機運とがあいまって，障害，すなわち「疾患が生活・人生に及ぼす影響」をみる必要があるという意識が高まった。国際障害分類の制定作業は 1972 年にはじまり，種々の議論をへて，1980 年に**図 1.1.1** に示す「**国際障害分類**（**ICIDH**）」が WHO から刊行された（上田 2002）。疾患・変調が原因となって機能・形態障害が起こり，それから能力障害が生じ，それが社会的不利を起こす。ここに ADHD の事例をあてはめるならば，

図 1.1.1　国際障害分類（ICIDH）の障害構造モデルと ADHD 事例の適用

「ADHD」という疾患・変調が原因となって一度に複数のことを覚えていられない「ワーキングメモリーが弱い」という機能・形態障害が起こった場合，「集中して話を聞き続けられない」という能力障害が生じ，「授業を聞けないための学力低下」という社会的不利につながるという仕組みとして説明される。そのほか機能・形態障害から直接に社会的不利が生じる経路も示されている。

　ICIDH はそれまで WHO「国際疾病分類」を用いていた病因論的な障害のとらえ方から障害の概念・構造を三層に分けて提示したところに特徴がある。

3．国際生活機能分類への転換

　しかし，国際障害分類はマイナス面を分類するという考え方や主観的障害や環境も考慮すべきとされ，2001 年世界保健機関総会において**図 1.1.2**に示す「**国際生活機能分類（ICF）**」が採択された。ICF は，生活機能というプラス面からみるように視点を転換し，さらに個人因子や環境因子等の観点を加え，健康状態と生活機能の 3 レベルとの関係はすべて両方向の矢印でつないだ相互作用モデルとして提起された。

　ICF は，人間の生活機能と障害に関して，アルファベットと数字を組み合わせた方式で分類するものであり，人間の生活機能と障害について，病気，変調，傷害，ケガなどの「**健康状態**」，身体系の生理的機能および身体の解剖学的部分の「**心身機能・身体構造**」，課題や行為の個人による遂行としての「**活動**」，生活・人生場面へのかかわりとしての「**参加**」の

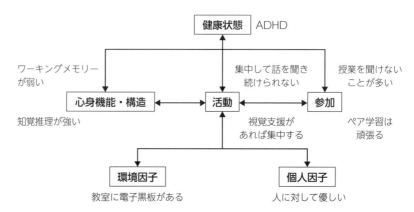

図 1.1.2　国際生活機能分類 (ICF) の生活機能構造モデルと ADHD 事例の適用

3 つの次元および物的な環境や社会的環境，社会的な態度などの「**環境因子**」そして個人的な特徴などの「**個人因子**」等の因子で構成されており，約 1,500 項目に分類されている。

　ここに ADHD の事例をあてはめるならば**図 1.1.2** のようになる。「ADHD」という健康状態であり，「ワーキングメモリーが弱い」が，目で見る力の「知覚推理が強い」という心身機能・身体構造がある。「集中して話を聞き続けられない」が「視覚支援があれば集中する」という活動を示し，「授業を聞けないことが多い」が「ペア学習は頑張る」という参加の状況である。環境因子としては「教室に電子黒板」があり，「人に対して優しい」個人因子をもつ。

　個人の性格や環境の状況も記述でき，それぞれは相互に作用しあっていることを示していること，使用される用語が中立的で積極面にも焦点化できることなどが特徴である。

4．まとめ

　障害の定義としては，今日，障害は数値化されるような固定的なものではなく，日常生活または社会生活に制限を受ける状態であるかどうかが総合的に判断される傾向にあることが確認できた。また日本の法律では，18 歳が子どもか大人かを分ける一つの区分になっていた。そして，どの学校やどの学級で学習するかに関しては，障害の状態のみならず教育的ニーズ，本人・保護者の意見，関係者の意見や状況等を踏まえた総合的な観点から決定する。教育のみならず医療・保健，福祉，労働も依拠する法律によって障害の定義は異なる。

　そのうえで，総合的な観点で「障害」をとらえるようになった経過を国際障害分類と国際生活機能分類に着目してみた。その結果，障害はマイナス面のみならずプラス面も評価するようになっていること，個人の能力は，集団や社会との相互的な関係にあること，社会的環境などの環境因子や個人の特徴としての個人因子も影響を及ぼすことがわかった。

　最後に「社会的な態度」としての非障害者も「環境因子」となって障害のある人の能力発揮に影響を及ぼすため，プラス面をみること，障害に関する理解をすすめることが重要であることを記しておきたい。

［是永かな子］

1.2 インクルーシブ教育とは何か

　本節ではインクルーシブ教育について解説するために，まずノーマライゼーションとインテグレーションについて説明し，次にサラマンカ宣言と特別ニーズ教育について示す。そのうえでインクルーシブ教育がめざすものについて確認する。

1. ノーマライゼーションとインテグレーション

　日本における**ノーマライゼーション**とは，障害のある者も障害のない者も同じように社会の一員として社会活動に参加し，自立して生活することのできる社会を目指すという理念，と定義されており[*1]，ノーマライゼーションが特別支援教育を進める要因の一つとなっていることがうかがえる。ノーマライゼーションの提唱とともに障害児の教育的統合を進める**インテグレーション**が推進された経緯があるため，以下にノーマライゼーションとインテグレーション理念の進展について整理する。

　ノーマライゼーションは 1959 年デンマーク法策定の過程で，法案作成に関わったニルス・エーリック・**バンク＝ミケルセン**（Neils Erik Bank-Mikkelsen）によって生み出された。バンク＝ミケルセンによるとノーマライゼーションは，「全ての人が当然持っている通常の生活を送る権利をできる限り保障する」という目標を一言で表したものとする。障害者をノーマルに変えるのではなく，ノーマルな権利を保障できるために環境を変えるという視点である。

　その後スウェーデンのベンクト・**ニィリエ**（Bengt Nirje）によって 1969 年にノーマライゼーションが体系化された。ノーマライゼーションに基づいて社会や学校における「統合」（インテグレーション）を推進し，大規模収容施設の脱施設化を具体化していった。ニィリエは，障害児者が人間として発達していくために必要な以下の 8 つの構成要素を示した。①一日のノーマルなリズム，②一週間のノーマルなリズム，③一年間のノーマルなリズム，④ライフサイクルにおけるノーマルな発達的経験，⑤ノーマルな個人の尊厳と自己決定（知的障害者自身の選択や希望，要望が可能な限り考慮に入れられなければならないこと），⑥その文化におけるノーマルな性的関係（両性世界での生活），⑦その社会におけるノーマルな経済水準とそれを得る権利，⑧ノーマルな環境形態と水準，である。

　またアメリカでは，ヴォルフ・ヴォルフェンスベルガー（Wolf Wolfensberger）がノーマライゼーションを「可能なかぎり文化的にノーマルである身体的な行動や特徴を維持したり，確立したりするために，可能なか

*1　文部科学省（2001）「21 世紀の特殊教育の在り方について」（最終報告）による。本報告は「中長期的な観点からノーマライゼーションの理念を実現するための取組が進められている」こと，「ノーマライゼーションの進展に向け，障害のある児童生徒の自立と社会参加を社会全体として，生涯にわたって支援する」こと等を指摘している。

ぎり文化的に通常となっている手段を利用すること」と再構成するなど，ノーマライゼーションを独自に理論化・体系化して発展させた。ヴォルフェンスベルガーは，アメリカの多民族・多文化性の社会背景のために「ソーシャル・ロール・ヴァロライゼーション (social role valorization)」として「社会に価値を付与する (valorization)」，という言葉を用いるべきだとの結論に至っている。

　1981 年の国際障害者年には「完全参加と平等」のスローガンにおいて「障害者が社会の中で同じように，また普通に生活することができるように，世界中の人々が共に考え行動する」という主旨を提起することに繋がる等，世界中にノーマライゼーションが浸透する。その過程でノーマライゼーションの考え方はいっそう多様化する。これらの過程を経ているため，現在各国でノーマライゼーションに対する認識が異なるのであり，そうであるからこそ，各国のノーマライゼーションの理念を再度確認する必要がある。

　さて学校教育におけるインテグレーションは「統合教育」として具体化されてきた。統合教育に関しては，障害児が非障害児と同じ場所で学ぶ位置的統合や，子どもが相互に関わりながら学ぶ社会的統合，そして，すべての教育課程や学校での活動と不可分の要素として障害児を位置づける機能的統合などがある (真城 2013)。しかし 1980 年代以降インテグレーションは，学年進行による教育的統合の課題の顕在化等，困難に直面していた (ハウグ&テッセプロー 2004)。またイギリスでは「**ウォーノック報告**」で示されるように，特殊教育の対象となる子どもを「障害」のある子どもとしてとらえずに「**特別な教育的ニーズ**」のある子どもとすること，子どもの困難を子ども自身の要因と学習環境の要因の相互作用の結果としてとらえる考え方が提起されつつあった。

2．サラマンカ声明と特別ニーズ教育

　特別な教育的ニーズ (Special Education Needs；SEN) は 1978 年のイギリスの「ウォーノック報告」で初めて公式に提起された (1.5 特別支援教育と特別ニーズ教育参照)。その後特別な教育的ニーズそして**特別ニーズ教育**は，1994 年 6 月のユネスコとスペイン政府共催の「特別なニーズ教育に関する世界会議：アクセスと質」において採択された「**サラマンカ声明**」と「行動大綱」において以下のように示された。特別ニーズ教育は「特別な教育的ニーズをもつ子どもたち」に対する「さまざまな特別のニーズにふさわしい，さまざまな支援やサービス」による教育を受ける権利の保障であり，「通常の学校の重要な改革を要求するもの」である。これらは，通常の学校内にすべての子どもたちを受け入れるという「インクルージョンの原則」や，すべての人を含み，個人主義を尊重し，学習を支援し，個

別のニーズに対応する施設に向けた活動である「すべての者のための学校」の必要性を強調している。また特別な教育的ニーズは,「そのニーズが障害もしくは学習上の困難からもたらされるすべての児童・青年に関連している」ことを指摘する。

つまり「特別ニーズ教育」とは,「特別な教育的ニーズ」に対する教育的施策であり,特別な場に限定せず多様なケア・サービスを保障し,その対象を障害児以外にも拡大させるものである。

よって,特別ニーズ教育の対象は「障害児や英才児,ストリート・チルドレンや労働している子どもたち,人里離れた地域の子どもたちや遊牧民の子どもたち,言語的・民族的・文化的マイノリティーの子どもたち,他の恵まれていないもしくは辺境で生活している子どもたち」等を想定している。すべての人を含み,学習を支援し,個別のニーズに対応する施設に向けた活動である「**すべての者のための学校**」の必要性が強調された。

3. インクルーシブ教育がめざすもの

「**障害者の権利に関する条約**」[*2] の第24条によれば,「インクルーシブ教育システム」とは,人間の多様性の尊重等の強化,障害者が精神的および身体的な能力等を可能な最大限度まで発達させ,自由な社会に効果的に参加することを可能とするとの目的の下,障害のある者と障害のない者がともに学ぶ仕組みであり,障害のある者が「general education system」(署名時仮訳:教育制度一般)から排除されないこと,自己の生活する地域において初等中等教育の機会が与えられること,個人に必要な「**合理的配慮**」の提供等が必要とされている。そして,共生社会の形成に向けて,「障害者の権利に関する条約」に基づくインクルーシブ教育システムの理念が重要であり,その構築のため,特別支援教育を着実に進めていく必要があると考えられている。このインクルーシブ教育システムにおいては,同じ場でともに学ぶことを追求するとともに,個別の教育的ニーズのある子どもに対して,自立と社会参加を見据えて,その時点で教育的ニーズに最も的確に応える指導を提供できる,多様で柔軟な仕組みを整備することが重要であり,小・中学校における通常の学級,通級による指導,特別支援学級,特別支援学校といった,連続性のある「多様な学びの場」を用意しておくことが必要になる。このように,障害者が教育制度一般から「排除」されないことが重要であり,多様な学びの場の一つとしての「特別支援学校」における教育保障も否定してはいない。

4. まとめ

ノーマライゼーションはアブノーマルな存在である障害者を障害のない人のように「ノーマル」にすることではない。他の人と「同じにする」こ

*2 2006年国連総会において「障害者の権利に関する条約」(障害者権利条約)が採択され,日本は2007年に同条約に署名し,2014年にこれを批准した。「障害者の権利に関する条約」の第24条では「障害者が他の者と平等に,自己の生活する地域社会において,包容され,質が高く,かつ無償の初等教育の機会及び中等教育の機会が与えられていること」とあり,「インクルーシブ教育システム」等の理念を提唱する内容となっている。「共生社会の形成に向けたインクルーシブ教育システム構築のための特別支援教育の推進(報告)概要」(中央教育審議会初等中等教育分科会2012年7月)

とだけを目標に考えてしまうと，問題が生じる。障害者が可能な限り社会の人々と同等の個人的な多様性と選択性のある生活条件を得るために，必要な支援や可能性を与えられるべきという意味であることをニィリエは後年再度強調していた。ノーマライゼーション保障のためには障害のある人が理解できるための情報提供や選択肢が必要であり，安易な自己決定および自己責任とは異なることをここで強調しておきたい。

　特別な教育的ニーズは，硬直的な障害種にとらわれた考えを乗り越え，「そのニーズが障害もしくは学習上の困難からもたらされるすべての児童・青年に関連している」と支援の必要性に注目する。よって特別な教育的ニーズに基づく教育としては，何が「特別」かというと，一斉教授・画一教材などの通常の教育形態では十分に学習できない場合を意味する。「特別ニーズ教育」とは，「特別な教育的ニーズ」に対する教育的対応であり，特別な場に限定せず，多様な支援を提供して，その対象を障害児以外にも拡大する。今後のめざすべき方向性として，日本の特別支援教育と特別ニーズ教育の比較を以下の**表 1.2.1** に示す。

　ちなみにユネスコはインクルーシブ教育をすべての学習者に手を差し伸べる能力を強化する「プロセス」であり「万人のための教育（EFA：Education for All）」を達成するための重要な戦略であると位置づける（UNESCO 2009）。特別な教育を必要とする子どもが何らの配慮もなく通常の学級で学んでいる「ダンピング」状態を回避しつつ，合理的配慮の保障とともに同じ場でともに学ぶこと，特別な教育的ニーズをもつ子どもに柔軟に対応するインクルーシブ教育を保障する「すべての者のための学校」ひいては同じ社会でともに学ぶ**インクルーシブ社会**を追求し続ける過程そのものが重要であるといえよう。　　　　　　　　　　［是永かな子］

表 1.2.1　特別支援教育と特別ニーズ教育の比較

	特別支援教育	特別ニーズ教育
定義	これまでの特殊教育の対象の障害だけでなく，その対象でなかった LD，ADHD，高機能自閉症も含めて障害のある児童生徒に対してその一人一人の教育的ニーズを把握し，当該児童生徒の持てる力を高め，生活や学習上の困難を改善又は克服するために，適切な教育を通じて必要な支援を行うもの	特別な教育的ニーズをもつ子どもたちに対するさまざまな特別のニーズにふさわしい，さまざまな支援やサービスによる教育を受ける権利の保障
教育の場	限定しない	限定しない
教育対象	特殊教育の対象であった 7 障害と LD と ADHD，高機能自閉症等	通常の学習スタイルや学習の速さ，カリキュラム，指導方略，資源の活用では教育を受ける権利を保障されない特別な教育的ニーズを有しているもの
教育理念	障害のある児童生徒の視点に立って一人一人のニーズを把握して必要な教育的支援を行う	インクルージョン（inclusion）すべての者ための学校（A school for all）
英訳	Special Support Education	Special Needs Education

（出所）文部科学省（2003）「今後の特別支援教育の在り方について（最終報告）」，ユネスコ（1994）「サラマンカ声明」「行動大綱」より作成

権利条約等

　時代や社会の変化とともに障害の定義やインクルーシブ教育の中身も変化する。その背景として，国連やユネスコを中心とした国際的な議論が展開され，子どもや障害に関わる権利条約を批准した世界各国の政策や法整備に影響を与えている。1.3 では，各国の政策や障害のとらえ方にとって重要な指針となっている権利条約等について述べる。

1. 国際的な権利条約について学ぶ意味

　教員には子どもの権利が侵害されていないかを実際に判断する人権感覚を持っていることが求められる。とりわけ障害等により特別な教育的支援を必要とする子どもが安心して学校生活を送っているかどうか，長期休みや卒業後の生活でも他の障害のない子どもと同様に，衣食住が満たされ，余暇を楽しんでいるか。卒業後には進路選択の自由があり，就職や結婚の機会を得ることができるだろうか。授業づくりや保護者との対応においても，子どもの人権が守られているかどうか，教員は常に念頭に置いて長期的な視点をもつことが重要である。本節の内容を通じて，障害のある子どもの差別や人権が侵害された状態を見抜くための基礎的な知見を学んでほしい。障害のある子どもに関連する国際的な権利条約にはさまざまなものがあるが，ここでは国連[*1]による 1989 年の「子どもの権利条約」，1993 年の「障害者の機会均等化に関する基準規則」，2006 年の「障害者の権利に関する条約（以下，障害者権利条約）」をとりあげる。いずれも国際的な議論や調査を積み重ね，障害のある子どもの差別や権利をめぐる状況を改善・解決するための指針となるものである。

2. 子どもの権利条約と障害児

　児童の権利に関する条約（以下，**子どもの権利条約**）は，1959 年 11 月の「児童の権利に関する宣言」を経て，1989 年 11 月に開かれた国際連合総会において全会一致で採択され，翌年 9 月に発効した。日本政府は 1990 年 9 月に子どもの権利条約に署名し，1994 年 4 月に 158 番目の締約国として批准後，同年 5 月に国内で発効した。子どもの権利条約が「示しているのは理想ではなく，子どもたちの現実とニーズに対応するための合意であり，生まれる環境を選べない子どもたちがどこで生まれ生活しても，一人の人間として成長・自立していくうえで必要な権利を示している」（荒牧 2009：3）。子どもの権利条約は，2000 年 5 月に条約の内容を補完するため「児童の売買，児童買春及び児童ポルノに関する児童の権利に関

*1　国連の正式名称は国際連合（United Nations）であり，1945 年に国際憲章に署名・批准した 51 の原加盟国により設立された。国際連合広報センターによれば，国連システムの教育に関連する分野には国際教育科学文化機関（UNESCO），国際児童基金（UNICEF），世界保健機関（WHO）等がある。2019 年 3 月現在の国連の加盟国は 193 か国である（外務省）。国連の条約に署名し，批准するには国内法の整備が不可欠であり，日本国憲法に準ずる法的効力をもつ。条約の履行状況については，政府報告書や民間団体のパラレルレポートにより，改善に向けた具体的な議論が行われる。

する条約の選択議定書」と「武力紛争における児童の関与に関する児童の権利に関する条約の選択議定書」が国際連合で採択されている。近年の子どもの権利侵害の状況が変化したことで，同条約は新たな内容を追加した。

　次に，子どもの権利条約の内容を外務省訳から紹介しよう。第 2 条「差別の禁止」では，次のように記されている。「児童又はその父母若しくは法定保護者の人種，皮膚の色，性，言語，宗教，政治的意見その他の意見，国民的，種族的若しくは社会的出身，財産，心身障害，出生又は他の地位にかかわらず，いかなる差別もなしにこの条約に定める権利を尊重し，及び確保する」。障害のある子どものみならず，その保護者に対しても差別されないと規定している。さらに第 23 条では，「締約国は，精神的又は身体的な障害を有する児童[*2] が，その尊厳を確保し，自立を促進し及び社会への積極的な参加を容易にする条件の下で十分かつ相応な生活を享受すべきであることを認める」としている。障害のある子どもが差別を受けないだけでなく，社会への参加をめざして「十分かつ相応な生活を享受」(enjoy a full and decent life) することは，障害のない子どもと同様の画一的な対応では不十分である。第 23 条では「障害を有する児童の特別な必要を認めて」，「可能な限り無償で」教育，訓練，保健サービス，リハビリテーション・サービス，雇用のための準備及びレクリエーションの機会を実質的に利用し，**社会的統合** (social integration) と個人の発達を最大限に達成することをめざしている。「予防的な保健並びに障害を有する児童の医学的，心理学的及び機能的治療の分野」の促進や技術の向上を国際交流により情報や経験を広げることが期待される。例えば日本では特別支援教育や障害科学に関連する学会に研究者や教育関係，当事者が参加し，年次大会を通じて研究交流をはかり，学会誌を発行して研究成果の公表を行っている。

　子どもの権利条約は，先進国となった日本ではすでに解決されているような低い乳幼児死亡率，児童労働の規制，栄養のある食物及び清潔な飲料水の供給，母子保健も重要な課題として記している。しかし災害時には障害のある子どもにとって避難所の生活に大きな困難が伴い，家族が避難を躊躇することも実際に起こっている。また外国人の家庭，経済的に困窮する家庭で障害のある子どもは二重の困難を抱えていないだろうか。子どもの権利条約を知ることは，教員が学校現場や生活に対して子どもの権利が満たされているか，問題に気づく視点を得ることにつながるだろう。

*2　英語の原文では「精神的又は身体的な障害を有する児童」は "mentally or physically disabled child" となっている。"disabled child" という表現は，国連総会で条約が採択された 1989 年当時には一般的な表現であったが，現在では "children with disability"（障害のある子ども）のように，障害が子ども全体を覆っている受け身の印象から，主体者である子どもの一部として障害を表現するように変化してきている。外務省ホームページ内「児童の権利に関する条約」にて全文を閲覧することができる。

児童の権利に関する条約 (外務省)
(2020.3.10 最終閲覧)

3．障害をもつ人びとの機会均等化に関する基準原則

　1960 年代までは障害に応じた適切なケアや支援がないまま施設に収容され，学校に行く機会がなく家で過ごすなど，基本的人権が侵害され社会

*3　障害者問題に関する最初の国連総会決議は，1971年12月の「精神遅滞者の権利に関する宣言」である。この宣言では「精神遅滞者は，最大実行可能な限り，他の人びとと同じ権利をもっている」とされ，医療や経済保障，リハビリテーションや訓練などを受ける権利，自分の家族と暮らす権利があることを示した。1975年12月には「障害者の権利に関する宣言」が行われた。日本は障害者の権利の実現に向けた報告を行わなかったが，国際的な議論や取り組みが進んだ（中野 1997）。

*4　「障害をもつ人びとの機会均等化に関する基準規則」は英語では "Standard Rules on the Equalization of Opportunities for Persons with Disabilities" である。外務省の訳では，「障害者の機会均等化に関する標準規則」となっている。国連で決議された規則に従い，各国が国内で法整備や政策改善に取り組むため，本書では国連による原則を定めた「基準」と訳した。なお「障害保健福祉研究情報システム（DINF）」の HP から長瀬修氏による日本語の全文訳を閲覧することができる。本書で扱っていない内容で知りたい分野があれば検索してみよう。

から隔離された障害児者が数多く存在した。障害があっても地域の学校に通い，家族と暮らしたいという願いに対して，1970年代には親の会や当事者を中心に国内外で議論の輪が広がり，国連で権利宣言が布告された[*3]。

1976年12月には国連総会で1981年を**国際障害者年**とすることが決議され，1979年12月には国際障害者年のテーマを「**完全参加と平等**」に拡大することが決定された。各国の政府機関や民間団体は障害者が置かれた状況を調査し，障害者をめぐるデータの国際比較も可能になった。1981年から障害者に関する世界行動計画の議論を重ね，1983年11月には国連総会において国連が長期活動プランとして1983年から1992年を国連障害者の10年とすることを宣言した。1987年9月には「国連障害者の10年の中間点で障害者に関する世界行動計画の実施をレヴューするグローバルな専門家会議」で「障害者に対するあらゆる形態の差別撤廃に関する国際条約」の起草と，障害者の10年の終結までにそれを加盟各国が批准することが勧告された（中野 1997）。こうした後押しを受けて1993年12月20日に国連総会で決議されたのが「障害をもつ人びとの機会均等化に関する基準規則」である[*4]。**表1.3.1**にその主な内容を示す。

1993年の障害をもつ人びとの機会均等化に関する基準規則は，1983-1992年の国連障害者の10年から得られた経験をもとに作成された。障害をもつ人々の機会均等化は，女性，子ども，高齢者，貧困層，移民労働者，複数の障害のある人，先住民族や少数民族，難民といった集団に特別な配慮をする必要があるとしている。平等な参加に対する前提条件には，各国で障害をもつ人々が他の市民と同様の権利をもつというメッセージを含む意識の喚起を促すことが含まれる。公教育や教員養成の段階から障害のある人々の完全参加と平等の原則が反映されるべきである，としている。

平等な参加のための対象分野の原則は，社会のさまざまな場面で機会均等をはかる際に障害のある人にとってのアクセスの重要性を認識すべきであるとした。各国には物理的な環境にアクセスできるプログラムを導入し，情報の入手や**コミュニケーション**のための手段を講じるべきであ

表1.3.1　障害をもつ人びとの機会均等化に関する基準規則（1993）の内容

Ⅰ．平等な参加に対する前提条件の原則	Ⅱ．平等な参加のための対象分野の原則	Ⅲ．施行基準に関する原則
1. 意識の喚起，2. 医療，3. リハビリテーション，4. 支援サービス	5. アクセスできること，6. 教育，7. 雇用，8. 所得の保障と社会保障，9. 家庭生活と個人の人格，10. 文化，11. 余暇とスポーツ，12. 宗教	13. 情報と調査・研究，14. 政策制定と立案，15. 法律制定，16. 経済政策，17. 調整作業，18. 障害をもつ人びとの団体，19. 人材養成・研修，20. 基準原則実施における障害に関する計画，国としての監視・評価

（出所）中野（1997：152-153），United Nations（1994）より筆者作成

るとした。これは，例えば建物や公共交通機関，道路などの物理的な障壁を指しており，設計の初期段階からアクセスの可能性を考慮すべきとしている。情報とコミュニケーションについては，視覚障害者には点字や録音サービス，拡大文字などの視覚情報，聴覚障害やろう者には手話通訳，コンピューターの情報システムの提供や改良を意味する。アクセスの保障は，「アクセシブル」（アクセス可能性）とも呼ばれ，障害者の権利条約にも参加と平等を実現するための不可欠な要素として引き継がれている。

　教育に関する原則では，障害のある子どもや青年・成人の初等教育[*5]・中等教育，中等教育終了後の教育の機会均等をめざしている。通常の学校では障害をもつ人びとのニーズに応じることができない場合には，**特殊教育**（Special Education）が考慮されるとした。

4．障害者権利条約の批准へ向けて

　先に述べた 1993 年の障害をもつ人びととの機会均等化に関する基準規則は重要な内容を含んでいたが，各国に対して法的拘束力がなく，条約への期待が高まっていた[*6]。2001 年 12 月の国連総会で「障害者の権利及び尊厳を保護・促進するための包括的・総合的な国際条約」に関する決議案が採択され，条約作成のための「障害者の権利条約に関する国連総会アドホック委員会」の設置が決定された。2002 年以降，当事者を含むさまざまな団体や各国と 8 回の議論を重ねた障害者権利条約は，2006 年 12 月に国連本部のあるニューヨークで開かれた総会で決議され，2008 年 5 月に発効した。日本政府は 2007 年に条約に**署名**したが，法的拘束力が生じる**批准**には至らず，内閣府を中心として国内法の改正・整備が進められた。具体的には日本政府は 2009 年 12 月に首相と全閣僚を構成員とする「障がい者制度改革推進本部」を設置し，2012 年 6 月に「障害者の日常生活及び社会生活を総合的に支援する法律」の成立，2013 年に「障害を理由とする差別の解消の推進に関する法律」および「障害者の雇用の促進等に関する法律」の改正などの法制度の整備・改正が行われた（内閣府 2014）。このような長い準備期間を経て，2013 年末に国会で可決され，2014 年 1 月に条約の批准書を国連に寄託，同年 2 月に日本国内で条約が発効された。

　障害者権利条約[*7]は 2019 年 10 月現在では日本を含む 178 の国と地域が批准している。読者の身近に感じたことのある障害児者への差別には，どのようなものがあるだろうか。大学生の「当たり前」の生活が，障害のある人の立場から見るとさまざまな障壁があるかもしれない。権利条約を学び，障害のある人の立場で考え，周囲の人と議論できる力をつけてほしい。

［千賀　愛］

*5　初等教育とは，日本の小学校の 6 年間を意味する。国によっては，小学校が 4 年または 5 年の場合もある。中等教育は，日本の中学校が前期中等教育，高校は後期中等教育を意味する。高等教育は短大・大学以上を指す。国際的には先進国の義務教育が 9－10 年間と長いが，発展途上国には小学校の初等教育のみを義務教育とする国もある。

*6　障害を一般的に「障がい」と表記する場合がある。自治体の教育委員会や福祉機関の方針によっては，「障がい」の表記を用いる場合や「知的障がい」「発達障がい」という表記もみられる。「害」という字に否定的・差別的な意味合いが含まれるという意見もある。法律や研究分野では「障害」を用いるが，自治体と特定の分野にはさまざまな意見がある。教員採用試験や就職試験では，自治体の方針に沿って表記するように心がけてほしい。

*7　本節では，障害者権利条約に至るまでの国内の動向について解説した。条約の詳しい内容については，本書の第 4 章の最終節（4.5）を参照されたい。

1.4 特別支援教育の概念

　本節では「特別支援教育の概念」について解説するために，まず特殊教育の歴史について概説し，次に特別支援教育の展開と現状を説明する。

1．特殊教育とは

　特殊教育という用語が法律に使用されたのは，1947（昭和22）年制定の**学校教育法**第6章においてである。

　同法第71条では障害のある子どもの学校の目的として「**盲学校，聾学校又は養護学校**は，夫々盲者，聾者又は精神薄弱，身体不自由その他心身に故障のある者に対して，幼稚園，小学校，中学校又は高等学校に準ずる教育を施し，併せてその欠陥を補うために，必要な知識技能を授けることを目的とする」と示された。

　そして，同法第75条では障害のある子どものための学級として「小学校，中学校及び高等学校には，左の各号の一に該当する児童及び生徒のために，**特殊学級**を置くことができる」とされ，その対象は「一性格異常者，二精神薄弱者，三聾者及び難聴者，四盲者及び弱視者，五言語不自由者，六その他の不具者，七身体虚弱者」であると表現されていた。

　「特殊」な教育という意味では，明治31年の東京市における貧困児童のための「**特殊小学校**」の設置や**貧児教育所，子守教育所**などが普通小学校の「特殊学級」としての設置も含まれる。

　また少年院などで行われる**矯正教育**も特殊教育の一つとして位置づけられる。1963（昭和38）年に設立した日本特殊教育学会は，現在，視覚障害，聴覚障害，知的障害，肢体不自由，病弱，言語障害，発達障害，重度重複障害，一般，それぞれ部会の他に，矯正教育部会を含んで10部会で構成されている。

　以上から「特殊教育」は特殊な「場」による教育としてとらえることができる。

　さて，障害児に対する教育として示すならば，特別な学校として視覚障害者を対象とした盲学校，聴覚障害者を対象とした**聾学校**，知的障害者，肢体不自由者，病弱者を対象とした養護学校があった。特別な学級として，知的障害者，肢体不自由者，病弱者及び身体虚弱者，弱視者，難聴者，言語障害者，情緒障害者を対象とした特殊学級があった。

　そして通常の学級に在籍して一部特別の指導を受ける**通級による指導**が，言語障害者，情緒障害者，弱視者，難聴者，その他心身に故障のある者で，本項の規定により特別の教育課程による教育を行うことが適当なも

のを対象として設置されていた。

　以下の**表 1.4.1** に最初の近代的学校制度を定めた教育法令である学制公布から，通級開始までの展開を概観する。

表 1.4.1　日本の特殊教育の展開

1872 年　学制公布
1878 年　「京都盲啞院」の設立（最初の視覚障害・聴覚障害特別学校）
1891 年　石井亮一「孤女学院」を設立（1897 年に知的障害児の教育に特化し「滝乃川学園」と改称）
1900 年　小学校令の第 3 次改正（就学義務猶予・免除事由の明確化，小学校への盲啞学校附設の規定）
1917 年　白十字会，「林間学校」を設立（最初の常設虚弱児施設）
1921 年　柏倉松蔵，「柏学園」を設立（最初の肢体不自由児施設）
1932 年　「東京市立光明学校」の開設（最初の公立肢体不自由特別学校）
1940 年　「大阪市立思斉学校」の開設（最初の公立知的障害特別学校）
1946 年　日本国憲法公布
1947 年　教育基本法・学校教育法公布，9 か年の義務教育実施（盲・聾・養護学校教育は義務制延期）
1948 年　盲学校・聾学校小学部の義務制，学年進行により実施
1956 年　公立養護学校整備特別措置法公布
1978 年　文部省，訪問教育を制度化
1979 年　養護学校教育義務制実施
1993 年　文部省，「通級による指導」制度化

　各障害を対象として特別な学校や施設で教育が保障されていたが，障害の状態によっては，**就学の猶予又は免除**を受けることもあった。1978 年以降は，障害の状態によって通学が困難な場合には，教員が家庭等において必要な指導を行う**訪問教育**の制度も開始された。そのため，現在は障害があることを理由に保護者の申請により就学を猶予又は免除された子どもは非常に少ない。

　その後，養護学校や特殊学級に在籍している子どもや通級による指導を受ける子どもが増加する傾向があったこと，新たな障害として LD，ADHD，高機能自閉症に注目されたこと，盲・聾・養護学校に在籍する子どもの障害の重度・重複化などの課題が顕在化したことを受けて，特殊教育から特別支援教育への転換が図られていく。

2．特別支援教育とは

　特別支援教育とは，文部科学省が 2003（平成 15）年 3 月に出した「今後の特別支援教育の在り方について（最終報告）」によると，「これまでの特殊教育の対象の障害だけでなく，その対象でなかった LD（学習障害；

Learning Disabilities），ADHD（注意欠陥多動性障害；Attention Deficit Hyperactivity Disorder），高機能自閉症も含めて障害のある児童生徒に対してその一人一人の教育的ニーズを把握し，当該児童生徒の持てる力を高め，生活や学習上の困難を改善又は克服するために，適切な教育を通じて必要な支援を行うもの」と定義される。

　以下に**表 1.4.2** として，特別支援教育の展開を確認する。

表 1.4.2　特別支援教育の展開

2001 年	「21 世紀の特殊教育の在り方について〜一人一人のニーズに応じた特別な支援の在り方について〜（最終報告）」
2001 年	文部科学省再編の際に「特殊教育課」を「特別支援教育課」に変更
2002 年	全国 4 万人を対象とした「通常の学級に在籍する特別な教育的支援を必要とする児童生徒に関する全国実態調査」実施（結果公表は 2003 年 3 月，対象児 6.3%）
2003 年	「今後の特別支援教育の在り方について（最終報告）」特別支援教育を定義
2004 年	発達障害者支援法成立　発達障害児を対象に教育・福祉・就労・保健・医療支援を包括的に規定
2005 年	「特別支援教育を推進するための制度の在り方について（答申）」学校や免許制度の在り方について提言
2005 年	特別支援教育体制推進事業開始
2006 年	LD および ADHD の児童生徒が通級による指導の対象となる
2007 年	学校教育法等の一部を改正する法律の施行　法律的にも特殊教育から特別支援教育に移行
2012 年	「通常の学級に在籍する発達障害の可能性のある特別な教育的支援を必要とする児童生徒に関する調査結果について」公表（対象児 6.5%）
2014 年	国連の障害者権利条約を批准
2018 年	高校における通級開始

　特別支援教育として新たに教育対象となった LD，ADHD，高機能自閉症の多くは通常学級に在籍していることから，障害の程度等に応じ特殊の「場」で指導を行う「特殊教育」から障害のある児童生徒一人ひとりの「教育的ニーズ」に応じて適切な教育的支援を行う「特別支援教育」への転換が図られたといえよう。

　以下に**図 1.4.1** として，現在の義務教育段階における特別支援教育の概念図を示す。

　このように，特別支援教育は従来の特殊教育に，LD・ADHD・高機能自閉症を対象として追加したものであると考えられる。

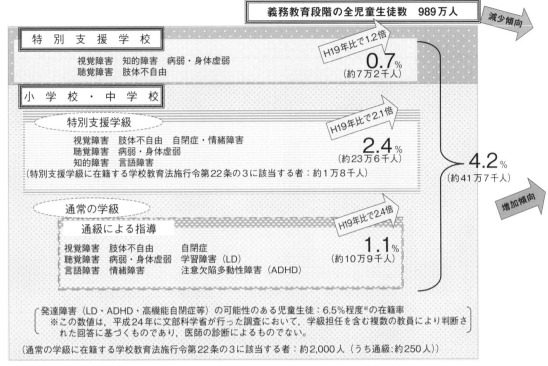

（平成29年5月1日現在）

図 1.4.1 特別支援教育の概念図（義務教育段階）

（出所）文部科学省（2018：173）

3. まとめ

従来の特殊教育としての特別な教育の「場」である特別支援学校，特別支援学級，通級による指導を受けている子どもは4.2%である（**図1.4.1**）。それに対して，通常の学級で発達障害（LD・ADHD・高機能自閉症等）の可能性のある児童生徒は6.5%という教員判断のデータもある。よって特別支援教育対象児の多くは通常学級にいることが指摘できる。

通常学級で特別な支援が保障されるためには2014年に批准した国連の障害者権利条約にも示される，**インクルーシブ教育**がいっそう必要になる。

日本におけるインクルーシブ教育の具体化では，多様な選択肢としての特別な場での教育も否定されないこと，支援を受けつつともに学ぶことが重要であろう。　　　　　　　　　　　　　　　　　　　　［是永かな子］

　本節では，「特別ニーズ教育」という特別支援教育を推進するうえで重要となる枠組みについて，特別ニーズ教育の基本概念である「特別な教育的ニーズ」の発想に基づき，国際的・歴史的観点から理解を深める。特別ニーズ教育は，特別な教育的ニーズに対応するための教育的対応であり，特別ニーズ教育の理解を深めるうえで特別な教育的ニーズの考え方を踏まえることは重要である。

1. 特別ニーズ教育の基本概念としての「特別な教育的ニーズ」

　文部科学省によれば，特別支援教育とは「障害のある幼児児童生徒の自立や社会参加に向けた主体的な取組を支援するという視点に立ち，幼児児童生徒一人一人の教育的ニーズを把握し，その持てる力を高め，生活や学習上の困難を改善又は克服するため，適切な指導及び必要な支援を行うもの」と定義される（中央教育審議会 2005）。ここで示される「教育的ニーズ」とはどのように考えられるか，「**特別な教育的ニーズ**（Special Educational Needs）」という概念を参考に理解を深めていきたい。

　特別な教育的ニーズは，1978（昭和53）年にイギリスで設置された，「障害児・者教育調査委員会」の調査委員長を務めたメアリー・ウォーノック（Helen Mary Warnock）等によって提唱された。長年にわたり，イギリスの特別支援教育を研究してきた真城知己によれば，「『特別な教育的ニーズ』論は，子どもの学習上の困難を引き起こしている原因や構造を，子ども自身の要因（**個体要因**）と子どもを取り巻く周囲の要因（**環境要因**）との相互作用によって生じる動的な状態を表す概念としてとらえ，必要な対応を導くとともに，子どもの学習環境を不断に高めようとする考え方である」（真城 2003：22）（**図1.5.1**）。この観点に基づけば，学習が進まない要因を学習者自身だけに帰結させ個人に努力を強いるのではなく，十分な学習環境が整っていない周囲の状況（教室，学校，地域／社会など）の改善にも努めることが重要である。

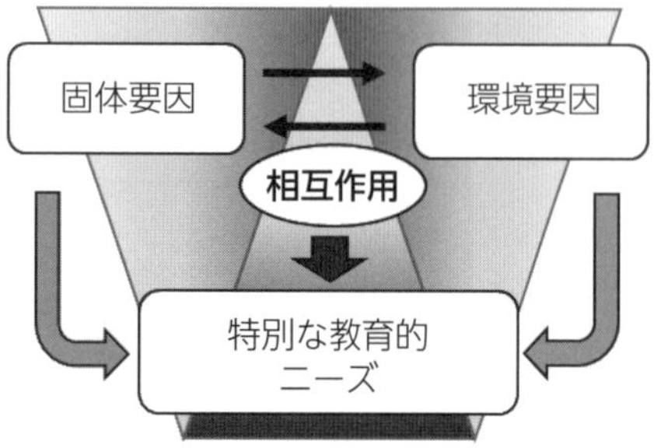

　本節で特別ニーズ教育に着目する理由は，実践現場の視点に立てば，子どもが学校生活を送るうえで困難に直面する背景は医学的な「障害」の有無に限らず，まさに文部科学省が示すような「一人一人」の「生活や学習上の困難」を総合的な観点から把握し，学習支援を行う必要があるからである。「障害」の有無に限らず，「目の前の児童生徒がより良い学校生活を送るためには何が必要か」を考え

図 1.5.1 「特別な教育的ニーズ」論の基本原理
（出所）真城（2003：51）

ることが重要なのである。この点は，特別な教育的ニーズが提唱された
「ウォーノック報告」でも明確に示された。

　「**ウォーノック報告**」では，特別な教育的ニーズの考え方を導入するに
あたり，「障害児教育」に対する批判を踏まえた主張として以下 2 点が挙
げられた。すなわち，①医学的視点よりも，**環境との相互作用**を考えた視
点が必要であること，②「障害」のカテゴリーがその子どもたちをラベリ
ングし，それによって焼き印を押されることを避ける必要があることであ
る。①について具体的には，「片足の少年は，多くの活動に参加できない
ような明らかな身体障害を有しているが，それが他の子どもと同じような
学問的成長を妨げるといえば，そうではない。一方で，指を滑らかに動か
すことが困難な子どもは，医学的にはそれほど重大な身体障害ではない。
しかしその子どもは教育場面においては書き方に困難を見出すことから，
相当なハンディキャップを有することになるだろう。また，社会的に不都
合な状況にある子どもは，学ぶこと自体に困難は無いであろう。だが一方
で家庭状況が不十分である子どもは，多くの教育的困難を抱えて学校生活
をスタートさせることになるだろう」（尾上・辻 2016：5）という例が挙げ
られた。

　すなわち，医学的な「障害」の有無ではなく，良好な学校生活を送るこ
とができているかどうかに基準を置き，その視点で特別な教育的ニーズは
定められたのである。そのため，「障害」がある子どもだけでなく，不登
校の状態であったり，いじめを受けていたり，海外から移住した日本語習
得中の子どもも特別な教育的ニーズを有する状態にあるといえる。また，
日本のように保護者が多額の教育費を支払う必要のある国では，家庭状況
によって希望する教育を受けることが困難であったり，さまざまな状況に
よって家庭学習を進めることができず，結果的に満足のいく学校生活を送
ることが困難であったりすることもある。他方，成績優秀でスポーツも万
能で，友人関係も良好であったとしても，周囲の期待に応えようと強いス
トレスを感じながら生活している子もいるかもしれないし，性別に悩みを
抱える子もいるだろう。気に掛けるべき対象を「障害」のある子どもに限
定せず，多様な子どもの状況に応じて柔軟な対応ができるような教育のあ
り方を提示した点で，「ウォーノック報告」は画期的であったといえよう。

　以上のような特別な教育的ニーズの考え方は，「**障害児教育**」を進めて
きた日本へ示唆を与えた。とはいえ，日本の特別支援教育施策の歴史をた
どると，「障害」のある子も含む，さまざまな教育的ニーズをくみ取ろう
と尽力してきた様相が浮かび上がる。次項では，日本の特別支援教育も，
その原点には，すべての人の教育機会均等を図る思想があったことを確認
しておく。

2．特別支援教育制度の源流

特別支援教育に関する法制度の歴史は，大正期まで遡ることができる。**表1.4.1**にあるように，1878（明治11）年に日本で初めて視覚障害・聴覚障害のある子どもを対象とした「**京都盲唖院**」が設立され，この時点で日本において実践的な特別支援教育が誕生したといえる。この動きに倣い，「障害児教育」を担う学校が各地に設立されるようになった。しかし，これらの学校の多くは民間の有志による設立・運営であったため，関係者は，その教育の義務化・公共化を求めた。その結果，1923（大正12）年に，「障害児教育」を実施する学校に関する最初の独立勅令である「**盲学校及聾唖学校令**」が公布された。これにより，北海道および府県にこれらの学校の設置が義務付けられ，市町村もそれらを設置し得ると規定された。この法制化に尽力した人物として，文部省（当時）に勤めていた乗杉嘉壽（のりすぎよしひさ）と川本宇之介（かわもとうのすけ）が挙げられる。特に川本は，日本の「ろう教育」を発展させた著名な人物の一人であり，「盲学校及聾唖学校令」起草に関わった一人でもある。

乗杉と川本は，1919（大正8）年に文部省に新設された「**社会教育**」を管掌する「普通学務局第四課」（以下，第四課）に着任した。社会教育とは，現行法では「学校教育法又は就学前の子どもに関する教育，保育等の総合的な提供の推進に関する法律に基づき，学校の教育課程として行われる教育活動を除き，主として青少年及び成人に対して行われる組織的な教育活動（体育及びレクリエーションの活動を含む）」と定義される（社会教育法 第二条）。学校における教育課程以外の，公民館や図書館，博物館などにおけるすべての教育活動を包摂する領域といえる。

現在は，社会教育と特別支援教育は制度的に区別されているが，第四課の設置時，特別支援教育（当時は特殊教育）は社会教育の一分野として位置づけられた。乗杉と川本は，当時，教育を十分に受けることができていなかった身体的な機能障害がある子どもや，貧困状態にある子どもの教育機会の保障に尽力した。具体的には，**表1.5.1**を参照されたい。現代では使用されない差別的な用語を含むが，第四課が担った事業を列挙した。

乗杉や川本を中心に，第四課において「盲唖教育及特殊教育」や「低能児教育」，「病弱児童，結核児童，不具児童等の教育」，「貧困児童の就学及保護」事業，「不良少年の感化事業」等が，「教育的救済事業」として展開された。これらの事業を第四課で実施することの思想的背景には，民主主義に基づく「**教育の機会均等**」があった。第四課の課長であった乗杉は，「精神的欠陥あるもの即ち低能児及不具児，身体的欠陥あるもの，即ち盲唖児童其他の病弱児に対する特殊教育並に貧困の為め，就学し能はざるものを保護救済して教育を受けしむるといふ事が最も急務」（松田 2004：275-276）であると考えていた。

表 1.5.1　1920 年以降に第四課（社会教育課）が担った事業一覧

① 学校事業の拡張及利用, ② 夏期学校及林間学校, ③ 貧困児童の就学及保護, ④ 幼児の保育施設並託児所, ⑤ 低能児及不具児の教育保護, ⑥ 不良少年の教育及保護, ⑦ 児童生徒の就学並に職業の指導, ⑧ 職工, 徒弟, 店員の修養, ⑨ 公休日の利用並指導, ⑩ 図書館及巡回文庫, ⑪ 善良なる通俗読物の普及奨励, ⑫ 博物館及動植物園等の観覧施設, ⑬ 寄席, 演劇, 活動写真の改善, ⑭ 教育会, 通俗講習会, 短期講習会, 音楽会等, ⑮ 青年団, 処女会, 父兄会, 母姉会, 敬老会等, ⑯ 小公園, 運動場, ⑰ 公衆体育の奨励, ⑱ 生活改善研究及指導, ⑲ 特殊部落の改善

（出所）松田（2004：306）

　第四課が設置された時期は,「大正デモクラシー」と言われた時期である。個々人が持つ力を発揮することにより, 社会の発展がめざされた。そのためには, すべての人の多様な学習機会を保障し, 持てる力を向上させなければならず, 制度や環境などによって, その人の学ぶ機会を制限してはならなかったのである。現在の特別支援教育の法制度は, このような思想的背景の基に成り立っているのである。

3．小括

　以上にみられることは, 多様な教育的ニーズに対応していくことは, 学校教育の機能の拡大ともとらえることができ, ひいては, 学校教育本来の役割を問い直すことでもある。特別な教育的ニーズに基づく特別ニーズ教育は, 教育実践そのものの幅を広げる可能性を秘めているといえる。

　以上のような理念を実現するためのツールとして,「障害児教育」の分野で蓄積されたさまざまな障害を乗り越えるための指導法や学習支援方法, 児童生徒の実態を把握しより良い支援を図るための**個別の指導計画**や**個別の教育支援計画**, 通常学級ですべての児童生徒が学びやすい環境を整備する**ユニバーサルデザイン**の空間・授業づくり, すべての児童生徒が有意義な学校生活を送ることができるよう多様な専門家の知見を活かすチーム学校などの仕組み, 医療・福祉領域などの外部機関との連携, 以上のような実践が円滑に遂行されるよう整備されたさまざまな法制度, それら法制度の基盤となるさまざまな概念がある。これらを総合的に活用し特別な教育的ニーズに対応していくことで, より豊かな（特別支援）教育実践を展開することが可能となるのである。　　　　　　　　　　[松田弥花]

【発展問題】

・国際生活機能分類は障害のある人のみならずすべての人に当てはめて考えることができます。特に活動・参加・環境因子・個人因子の項目に自分自身をあてはめてマイナス面のみならずプラス面を書き出してみましょう。

・それぞれの幸福観や価値観は異なることを認めて，それを保障しようとする活動が「ノーマライゼーション」の保障であることを理解するために，「明日もし，自由に時間とお金を使えるとしたら何をするか」について，意見交換して，それぞれのニーズの多様性について考えてみましょう。

・通常学級で支援を受けつつともに学ぶために必要な具体的な支援方法や支援内容について考えてみましょう。

・自身の学校生活時代を思い出し，どのようなことに困っていたか，その困りごとに対しどのような支援が欲しかったか話し合ってみましょう。

コラム　北欧からの示唆①　特別な学校や特別なカリキュラムを維持するスウェーデン

　コラムでは「北欧からの示唆」として，福祉国家として有名な，スウェーデン，デンマーク，ノルウェー，フィンランド４カ国の特別な教育の特長を紹介したいと思う。

　スウェーデンの特長としては，第一に日本では県立である知的障害特別学校が，市町村にあたる基礎自治体立で設置され，通常学校と同じ敷地内に設置される「場の統合」が進められていることである。同じ建物の中に通常学校と特別学校が設置されていることもあって，障害のある子どもと障害のない子どもが日常的に交流する環境がある。体育館や食堂，特別教室も共有している。知的障害特別学校が身近にあるためスウェーデンには特別な学級は設置されていない。

　第二に，国立として聴覚障害・重複障害特別学校が設置されていることである。聴覚障害特別学校では手話を第一言語として，スウェーデン語を第二言語として学ぶことができる。視覚障害や病弱，肢体不自由を対象とした特別な学校は基本的に廃止されているが，知的障害と聴覚障害・重複障害の特別学校には特別のカリキュラムも維持されている。通常のカリキュラムと異なる特別カリキュラムが残っているのは北欧４カ国の内，スウェーデンのみである。

　第三に，通常学級の子どもも含めてすべての子どもを対象に個別の計画が作成されていることである。個別の計画に従って学習をすすめるため，通常学級でも同じ時間，同じ教室にいたとしても別の課題を行うこともある。そのうえでより支援が必要な子どもは「対応プログラム」が作成される。

　第四に，コンサルテーション役割を担う専門性の高い「特別教育家」がいることなどが指摘できる。子どもへの直接指導を担う「特別教員」の他に，教員に助言したり，相談にのったりする特別教育家がいる。特別教員も特別教育家も通常の教員免許を取得して，通常学校での実務経験を経て，再度大学で教育を受けるため，通常学校の教員にも専門的な立場からアドバイスができるのである。他にも０年生としての就学前学級や学童保育，そして通常学校をつなぐ教職員として余暇指導教員も活躍している。

　このようにインクルーシブ教育をすすめつつも，特別な学校や特別なカリキュラムの必要性を認めている国があることは知っておく必要があろう。

[是永かな子]

第2章

特別支援教育の制度

▶キーワード

通常の学級における指導，通級による指導，特別支援学級，特別支援学校

　本章では，日本における特別支援教育の制度にはどのようなものがあるのかをみていく。このことを別のいい方で表現するなら，特別な支援を必要とする子どもが学ぶ場にはどんな種類があるのかを理解することだといえるだろう。

　みなさんの友達で，本章に出てくる機関で学んでいた人はいなかっただろうか。もし，そういう人がいたなら，その人は，どんな内容を，どんな形態で学んでいたのか（いつもそこで学んでいたのか，特定の時間だけか等々），できる限り思い出してみよう。本章の内容を理解するうえで大きな助けになるはずだ。

　そして，できればそこにとどまらず，本章で扱っている場が，どんな法律上の根拠をもっているのかの理解に努めてほしい。教育において，愛や善意は重要だが，法律は現実的に教育の水準を決めるうえで非常に重要な役割を果たすからだ。

2.1 通常の学級における指導

　通常の学級（通常学級ともいう）という語は，みなさんにはあまりなじみがないかもしれない。法律にも，通常の学級（通常学級）という語は使われていない。しかし，みなさんが教員になったときに，もっとも直面する可能性が高いのが通常の学級における指導である。

1．通常の学級とは

　日本の学校教育制度において，特別な支援を必要とする子どもに対する特別な教育を行うために設けることができる場として，以下のようなものがある。

① 通級指導教室

　特別な教育的ニーズのある子どもが，週（または月）のうち何時間か，在籍している学級を離れて特別の指導を受ける指導形態のこと。詳しくは本章 2.2 を参照してほしい。

② 特別支援学級

　障害のある子どもを対象として，小中学校等において特別の教育を行う場のこと。特別支援学級に在籍する児童生徒は，基本的にここで学校生活を過ごす。詳しくは，本章 2.3 を参照してほしい。

③ 特別支援学校

　障害のある子どもを対象として，特別の教育を行う学校のこと。詳しくは，本章 2.4 を参照してほしい。

　やや消極的な規定の仕方になってしまうけれども，通常の学級とは，学校教育を行う場として，上記の 3 つのいずれでもない場のことである。このように書くと，小難しく思えるかもしれないが，小学校，中学校，高等学校等において，量的には多くの子どもが学んでいる場としての学級のことである。

2．通常の学級に在籍する特別な支援を要する児童生徒とは

　第 1 章でもふれたが，文部科学省が 2012 年に行った調査[*1] によれば，公立小・中学校の通常学級において，知的発達に遅れはないものの学習面または行動面で著しい困難を示すとされた児童生徒の割合は 6.5％であるという推定値（教員判断による）が報告されている（文部科学省 2012）。調査では，こうした児童生徒の多くは**学習障害 (LD)**，**注意欠如・多動性障害 (ADHD)**，**高機能自閉症**等の可能性があると考えられるとしている。ただし，この調査は医学的な診断を行ったものではなく，あくまでも上記の各障

*1　文部科学省「通常の学級に在籍する発達障害の可能性のある特別な教育的支援を必要とする児童生徒に関する調査」調査対象：全国（岩手，宮城，福島の 3 県を除く）の公立の小・中学校の通常の学級に在籍する児童生徒を母集団とする。

害の可能性があるということにすぎないことに注意が必要である。この割合を 40 人の学級に当てはめてみると，2 人から 3 人は学習面または行動面において著しい困難を示す児童生徒がいることになる。この割合は決して小さくない。

この調査結果からわかることは，通常の学級に在籍する特別な支援を要する児童生徒としてまず考える必要があるのは，学習障害（LD），注意欠如・多動性障害（ADHD），高機能自閉症等の可能性をもつ人たちだということである。こうした人たちの障害を総称して発達障害という[*2]。

発達障害がある人が抱える困難さは見えにくいといわれる。しかし，注意深く観察すれば，児童生徒が抱える困難さが，ある種のサインとして示されているかもしれない。そうしたサインをとらえることは，困難を抱える子どもへの指導を進めていくうえで，大切なポイントになってくる。困難さを示すサインのいくつかを以下に示す[*3]。詳しくは第 3 章を参照してほしい。

① 児童生徒の困っている状況からの気づきと理解
・教科書を読む時に行をとばしたり，単語を言い換えたりして読んでしまう。
・ノートを書く時に，他の子に比べてとても時間がかかっている。
② 指導上の困難からの気づきと理解
・順番が待てずに，他の人の学習をじゃましてしまう。
・授業中，たびたび座席を離れて立ち歩いてしまう。
③ 保護者相談での気づきと理解
・次々と物を出してしまい，部屋中散らかりっぱなしで片付けができない。
・翌日の学習の準備ができない。何でもカバンにつめこんでしまう。

どうだろうか。以上は一例であるが，みなさんの友達で，こうした例に当てはまる人はいなかっただろうか。あるいは，みなさん自身が当てはまる点があるかもしれない。

3．通常の学級における指導を進めるために

通常の学級に在籍する特別な支援を要する児童生徒に対する指導を進めるために，どんな点を考える必要があるだろうか。ここでは，学校全体の取り組みと，日々の教育実践をどう進めるか，という点から考えてみよう。

（1）学校全体の取り組み

みなさんが学級担任として児童生徒に指導を行うとき，それは，みなさんが一人の教員個人として指導を行っていると感じるだろう。それはもちろん間違いではない。しかし，各学校における教育が教員同士，教員と保護者，地域の人々との関係なしに成り立つということはあり得ない。逆に

[*2]　1.1 でもみたように，発達障害者支援法では，発達障害を次のように定義している。「第二条　この法律において「発達障害」とは，自閉症，アスペルガー症候群その他の広汎性発達障害，学習障害，注意欠陥多動性障害その他これに類する脳機能の障害であってその症状が通常低年齢において発現するものとして政令で定めるものをいう。」

[*3]　文部科学省（2017）「発達障害を含む障害のある幼児児童生徒に対する教育支援体制整備ガイドライン」による。他にも，独立行政法人国立特別支援教育総合研究所（2015）『特別支援教育の基礎・基本　新訂版』（ジアース教育新社）に具体例が掲載されている。

いえば，さまざまな関係の中で教育を考えなければよい教育を進めることはできない。別のいい方をすれば，自分に足りない点があっても，他者との協力によって埋め合わせていけばよいともいえる。さしあたりここでは，学校内の協力のあり方をみていこう。

学校全体で特別支援教育に取り組むにあたって中心的な役割を果たすものに特別支援教育校内委員会（**校内委員会**）と**特別支援教育コーディネーター**がある。これらは文部科学省に設置された調査研究協力者会議の報告等において言及された[*4]。

＊4 特別支援教育の在り方に関する調査研究協力者会議「今後の特別支援教育の在り方について（最終報告）」2003 年 3 月，および中央教育審議会「チームとしての学校の在り方と今後の改善方策について（答申）」（2015 年 12 月 21 日）。

＊5 文部科学省「小・中学校における LD（学習障害），ADHD（注意欠陥／多動性障害），高機能自閉症の児童生徒への教育支援体制の整備のためのガイドライン（試案）」（2004 年 1 月）。

校内委員会は，文部科学省のガイドライン[*5]によって示されたもので，校内における全体的な支援体制を整備することを目的としている。名称や設置の方法は，各学校の実情に応じるとされている。校内委員会は通常，管理職（校長，教頭・副校長），特別支援学級担任，養護教諭，特別支援教育コーディネーター等から構成されると思われるけれども，法令上に特段の定めはない。

特別支援教育コーディネーターは，小・中学校においては，校内委員会を実質的に切り盛りする役割を担うと考えられる。すなわち，校内委員会に依拠しつつ，その学校に在籍する特別な支援を要する児童生徒への支援を組織化するために必要な教員研修や校内のとりまとめを行うということである。

特別支援教育コーディネーターには，法令上の根拠はないため，教職員定数として配置されず，校務分掌として指名されている。また，特別支援教育コーディネーターには，特段の資格は求められていない。

いずれにしても，特別支援教育は一人で進めていくものではない。関係する他者と悩みや課題を共有しながら取り組むことがとても大切だ。

(2) 日々の教育実践を進めるために

2項において，子どもが抱える困難さを示すサインのいくつかを示した。とはいえ，上記のような行動を，子どもが抱える困難さを示すサインとして読み取ることは，実はそれほど簡単ではないかもしれない。というのも，子どもが示すこうしたサインに対しては，これまで往々にして「困った（行動をする）子」「聞き分けのない子」「わがままな子」「家庭でのしつけができていない子」のように，それらの行動が示す一見ネガティブな面に光が当てられることが多かったからである。

通常の学級における特別の支援を必要とする子どもへの指導を進めていくうえでは，こうしたとらえ方を転換し，子どもがもつ困難さがサインとして表出されている，ととらえることがとても大切になってくる。

ところで，子どものサインがネガティブにとらえられてきた原因や背景にあることとして，いくつかの点が指摘できるだろう。

例えば少なくともこれまで，小学校，中学校，高等学校の教員免許状を

取得するために，発達障害のある人が抱える困難さがどのようなサインとして示されるか，などということを学ぶことは必須ではなかった。また，学校がもつ，ある種の画一性も，示されるサインを標準からの逸脱ととらえる見方を助長した可能性もある（もちろん，日本の学校教育は，その「画一性」によって，多くの人によい意味で均質な教育を提供してきたという積極的な面を見落とすわけにはいかないが）。

　学校というところは保守的な一面をもっているので，子どもから示されたサインの見方を転換していくことは，一朝一夕にはいかないだろう。みなさんにはぜひ，学校教育が子どものサインをネガティブにとらえる見方を転換するために力を発揮していってもらいたいと願っている。ポイントは「困った子」は困った行動をする迷惑な子，というとらえ方ではなく「困っている子」だということである。

　そのうえで，こうしたサインにできるだけ早く気づき，理解していくために，他の児童生徒と比べて，頻度が多い，程度が重い，継続性がある等，ちょっと違うなと感じた場合は，行動の記録をとり，それを蓄積していくことをお勧めする。行動の記録は「いつ」「どこで」「どのような時」「どんな問題が起こるか」，あるいは「上手くいっているときはどんな時か」を観察することから始まる。そうした記録は，子どもの行動の背景を探る手がかりとなるだろう[6]。

　加えて，すべての子どもにとってわかりやすい授業をデザインするという視点も大切になるだろう。

　施設・設備の面では，集中しやすくするために，授業に関係ないものを隠す，掲示を判別しやすくするために色分けする，余分な音やがたつきを減らすために机やいすの脚にテニスボールをつけること等がある。

　教材の面では，例えば算数の場面で，計算させること自体が目的ではない活動を行う場合，計算機を用いて計算してもよいとすることや，マス目や図表，文字の大きさが異なるワークシートを用意して選択できるようにすることなどが考えられるだろう。

　指導過程の面では，言葉で説明するだけでなく，図表やスライド，写真等を用いて視覚的にも理解できるようにすることや，指示や説明で「あれ」「これ」というような指示代名詞を使うのではなく，その指示で指し示そうとしていることやものを具体的に言う，といったようなことがある。

　さらに，評価の面では，例えば筆記試験で評価を行う場合，記述式だけでなく選択式や穴埋め式などの解答方法を用意する，といった方法の他に，筆記試験だけでなく，レポートや発表等と組み合わせるといったことが考えられる。

　本節の内容に関して，第４章も参照してほしい。　　　　　　［尾高　進］

*6　文部科学省 (2017)「発達障害を含む障害のある幼児児童生徒に対する教育支援体制整備ガイドライン」より。なお，このガイドラインの参考資料に，気づきのサインや実態把握の観点が掲載されている。

2.2 通級による指導

　みなさんが小中学生だったとき，特定の時間だけ，校内の別室に授業を受けに行っていた友達はいなかっただろうか。いたという人は，その友達のことを思い出しながら本節を読んでみてほしい。ごく単純化していえば，そういう友達が受ける指導が通級による指導だ。

1. 通級による指導とは何か

　通級による指導とは，通常の学級に在籍している児童生徒が，週（または月）のうち何時間かを，在籍している学級を離れて特別の指導を受ける指導形態である[*1]。すなわち，通常の学級に在籍している特別な教育的ニーズをもつ子どもが，通常の学級における教育だけでは十分ではない場合，通級指導担当の教員から専門的な教育を受けることである。なお，法令中には「通級」あるいは「通級による指導」という語はない。

　通級による指導は1993年に**学校教育法施行規則**が改正されたことで制度化された。戦後の教育の歴史からみて，比較的新しい出来事だといえる。

　通級による指導の法的な根拠は学校教育法施行規則第140条および第141条にある。第140条において，通級による指導の対象となる児童生徒として，言語障害者，自閉症者，情緒障害者，弱視者，難聴者，学習障害者，注意欠陥多動性障害者，その他障害のある者で，この条の規定により特別の教育課程による教育を行うことが適当なもの，の8種類が例示されている。知的障害者は通級による指導の対象になっていない[*2]。また，特別支援学級に在籍する子どもも，通級による指導の対象からは除かれている。

　通級による指導が制度化される前は，通常の学級に在籍する障害のある子どもは，通常学級で留意して指導するとされていた。したがって，比較的軽度の障害がある子どもであっても，特別の指導を受けるためには，特殊学級（現在の特別支援学級）に在籍せざるをえなかった。

　とはいえ，このことのもうひとつの面は，通級による指導は，その制度化以前から事実上行われていたということでもある。難聴児や言語障害児（吃音（どもり）や構音障害（発音の問題））が「**きこえ・ことば教室**」等と呼ばれる特殊学級に在籍しながら，通常学級でほとんどの授業を受けるという形態の指導が行われていたからである。

　その後，1978年の報告[*3]により，弱視者，難聴者，肢体不自由者，病弱・身体虚弱者，言語障害者，情緒障害者については通常の学級に在籍し，特殊学級への通級による指導を受けることが認められた。

[*1] 文部科学省 (2018)『障害に応じた通級による指導の手引 (改訂第3版)』によれば「障害の状態がそれぞれ異なる個々の児童生徒に対し，個別指導を中心とした特別の指導をきめ細かに，かつ弾力的に提供するもの」(p.3) とされている。

[*2] 2015年12月22日の閣議で「研究成果の検証を踏まえて，平成31年度中に結論を得る。その結果に基づき必要な措置を講ずる」とされている。

[*3] 特殊教育に関する研究調査会 (1978)「軽度心身障害児に対する学校教育の在り方 (報告)」。

　現在，通級による指導を受けている子どもがどのくらいいるかは，文部科学省の「平成29年度通級による指導実施状況調査結果について」によって知ることができる。この調査によれば，通級による指導を受けている児童生徒は，調査が開始された1993（平成5）年の1万2,259人から2019年の10万8,946人へと約9倍となっている。また，その内訳は，34%が言語障害者で最も多く，以下，自閉症，注意欠如・多動性障害，学習障害，情緒障害の順となっている[*4]。

*4　この調査の対象は公立小・中学校である。

2．通級による指導のよりよい理解のために

（1）教育課程上の位置づけ

　通級による指導は，比較的軽度の障害がある子どもに対して，各教科等の指導を通常学級で行いながら，心身の障害に応じた特別の指導を特別の場で行うものであり，教育課程上は，**自立活動**に該当する。小学校学習指導要領では，通級による指導について，以下のように記載されている[*5]。なお，自立活動については，本書第4章を参照してほしい。

*5　2017年版小学校学習指導要領の第1章第4の2の(1)のウ。

> ウ　障害のある児童に対して，通級による指導を行い，特別の教育課程を編成する場合には，特別支援学校小学部・中学部学習指導要領第7章に示す自立活動の内容を参考とし，具体的な目標や内容を定め，指導を行うものとする。その際，効果的な指導が行われるよう，各教科等と通級による指導との関連を図るなど，教師間の連携に努めるものとする。

　通級による指導を行う際の授業時数の標準については，自立活動および教科の補充指導を合計した授業時数の標準が，年間35単位時間～280単位時間となっている。ただし，学習障害者（LD）および注意欠如・多動性障害者（ADHD）の場合は，年間10単位時間から280単位時間とされている[*6]。

*6　「学校教育法施行規則の一部改正等について（通知）」17文科初1177号，2006年3月31日。例えばここでいう年間35単位時間というのは，週あたり1単位時間に相当する。

（2）通級による指導の諸形態

　通級による指導を受ける子どもは通常の学級に在籍し，各教科や給食等の時間など，学校生活の大部分を通常の学級で過ごしている。そして，月あるいは週のうち，何時間かを通級指導教室に通って特別の指導を受ける。子どものニーズに対応した通級指導教室が，自分の在籍校に設置されている場合はそこに通うことになるが，これを**自校通級**という。それに対して，在籍校には子どものニーズに対応した通級指導教室が設置されていない場合は，他校に設置されている通級指導教室に通うこともある。このことを**他校通級**という。学校教育法施行規則第141条の規定により，通級による指導を他校で受けた場合，その内容を在籍校における「特別の教育課程に係る授業とみなすことができる」としている。

　通級による指導の一形態として，**巡回指導**（巡回による指導ともいう）が

ある。これは例えば，小・中学校や特別支援学校や教育センター等の教員が他校を訪問して特別の指導を行うことをいう。

（3）個別の教育支援計画および個別の指導計画の作成

　例えば**小学校学習指導要領**には次のような記載があり，通級による指導を受ける子どもについて**個別の教育支援計画**および**個別の指導計画**を作成することになっている。中学校学習指導要領および高等学校学習指導要領においても同様の記載がある[*7]。

> エ　障害のある児童などについては，家庭，地域及び医療や福祉，保健，労働等の業務を行う関係機関との連携を図り，長期的な視点で児童への教育的支援を行うために，個別の教育支援計画を作成し活用することに努めるとともに，各教科等の指導に当たって，個々の児童の実態を的確に把握し，個別の指導計画を作成し活用することに努めるものとする。特に，特別支援学級に在籍する児童や通級による指導を受ける児童については，個々の児童の実態を的確に把握し，個別の教育支援計画や個別の指導計画を作成し，効果的に活用するものとする。

　このことに関して，いわゆる障害者差別解消法との関わりについて触れておこう。この法律は正式名称を「**障害を理由とする差別の解消の推進に関する法律**（平成25年法律第65号）」といい，障害者権利条約の批准に向けた国内法制度の整備の一環として2013年6月26日に公布され，一部の附則を除き2016年4月1日から施行されている。

　この法律の施行により，公立学校では「差別の禁止」と「**合理的配慮の提供**」が義務となった。個別の指導計画を作成する際，通常の学級における合理的配慮の提供について考慮しておく必要がある。詳しくは，本書第4章を参照してほしい。

3．通級による指導の課題

　本節の最後に，通級による指導の課題について述べておきたい。

　第一に，通級による指導を受ける場は，主として通級指導教室であるが，なぜ「通級指導学級」ではなく「通級指導教室」となっているのだろうか，という問題がある。

　このことについて越野和之は「通級による指導」という語は，児童生徒が通う特別の場を「学級」ではなく「通級指導教室」とし，財政負担を軽減する意図で用いられたもので制約をはらんだ現行制度を指す語として限定的に理解されるべきだとしている（越野1997：585）。すなわち，学級というのは，学校教育法等の法令に根拠をもつ用語である。したがって，学級は法律によってその質が保証されているということを意味する。これに対して教室という言葉は，教育に関する施設・設備としての条文があるにすぎない。すなわち教室は，教育の内容に直接関わるような根拠をもっ

ていない言葉であるといえる。つまり，通級による指導の場である通級指導教室の条件整備は，それを進めていくための十分な法的根拠をもっていないということである。

　そのため，通級指導教室を担当する教員の配置はこれまで，加配という方式で行われてきた。公立義務教育諸学校の学級編制と教職員定数は，**公立義務教育諸学校の学級編制及び教職員定数の標準に関する法律**（いわゆる義務標準法）によって定められている。教職員定数は，学校数や学級数に応じて配置する法定の基礎定数（校長や教頭，養護教諭など含む）と，教育上の特別の配慮などの目的で予算措置で教職員を配置する加配定数とで成り立っている。加配による配置は，各年度の予算によって決まることから，見通しをもった運営ができない。

　義務標準法は2017年の3月に改正され，通級による指導のための基礎定数が新設された。しかし残念なことに，通級による指導のための教員の定数は対象児童生徒**13人について1人**である。指導体制の充実を望みたい。

　第二は，**高等学校における通級による指導**の整備である。

　通級による指導はこれまで，義務教育段階に限られてきた。しかし，前述したように，義務教育段階で通級による指導を受ける児童生徒数の増加により，高等学校においても通級による指導の実現が望まれてきた。

　学校教育法施行規則第140条が改正され，2018年度から高等学校においても通級による指導が実施されることになった。文部科学省の通知[*8]によれば，通級による指導の運用にあたっては，障害に応じた特別の指導を高等学校の教育課程に加えたり，一部（必履修教科・科目等を除く）に替えることができるとされている。そして，障害に応じた特別の指導に係る修得単位数を，年間7単位を上限として全課程の修了を認めるに必要な単位数に加えることができるようになった。

　高等学校における通級指導は，義務教育段階とは異なる点があると考えられる。例えば，他校通級などは，高校の事情等からいって，実施は容易ではないと考えられるし，青年期の発達課題に寄り添った指導が求められるだろう。制度が改善されることは教育の営みを前進させるために必要不可欠だが，それはあくまでも基礎的な条件を整えたにすぎない。取り組みの豊かな発展を期待するものである。　　　　　　　　　[尾高　進]

*8　「学校教育法施行規則の一部を改正する省令等の公布について(通知)」(28文科初第1038号，2016年12月9日)。

2.3 特別支援学級

　みなさんの小中学校には，特別支援学級はあっただろうか。そこには，どんな友達が通ってきていただろうか。そういう経験をもつ人は，当時のことをもう一度思い出しながら以下の内容を読むと，よりリアリティをもって理解できるだろう。

1. 特別支援学級とは

　特別支援学級とは，障害のある子どもを対象として，小中学校等において特別の教育課程を行う場である。特別支援学級は，必要に応じて，小学校，中学校，義務教育学校，高等学校，中等教育学校に設置することができる。特別支援学級の対象者は，特別支援学校の対象者よりも，障害の程度が比較的軽度といわれている。特別支援学級は，学校によって，例えば心身障害学級（心障学級），養護学級，育成学級，あすなろ学級，わかば学級，○組（学年の中で最も大きい数字や並びが後のアルファベット）等の多様な呼称が用いられている。

　特別支援学級の対象者は，**学校教育法第81条第2項**により，以下のように規定されている。

　① **知的障害者**

　② **肢体不自由者**

　③ **身体虚弱者**

　④ **弱視者**

　⑤ **難聴者**

　⑥ その他障害のある者で，特別支援学級において教育を行うことが適当なもの

　文部科学省が出している「特別支援教育資料（平成29年度）」によれば，小学校および中学校に設置されている特別支援学級についてみると，小学校，中学校ともに，学級数，在籍児童・生徒数の約9割を**知的障害特別支援学級**と**自閉症・情緒障害特別支援学級**とで占めている。

　学校教育法施行規則第137条によれば，特別の事情のある場合を除いて，特別支援学級は上記の各号に掲げる区分にしたがって設置されることになっている。なお，上記⑥の「その他障害のある者」には，言語障害者，自閉症者，情緒障害者が含まれるけれども，自閉症者と情緒障害者とは合わせて一つの学級とすることになっている[*1]。したがって，特別支援学級には，①から⑤に加えて，**言語障害者**，**自閉症・情緒障害者**の7種類が

*1　これらの根拠は，文部科学省通知「障害のある児童生徒の就学について」（14文科初第291号，2002年）および文部科学省「『情緒障害者』を対象とする特別支援学級の名称について（通知）」（20文科初第1167号，2009年）である。

あることになる。

　また，公立義務教育学校の学級編制及び教職員定数の標準に関する法律第 3 条には，特別支援学級の 1 学級あたりの児童または生徒の数は，8 人以下を標準とすることが定められている。

　ここで，特別支援学級が「学級」という名称であることに，ぜひ注意してもらいたい。実は学級というのは，2.2 でも述べたように学校教育法等の法令に根拠をもつ用語である。例えば小学校や中学校に設置されている学級についていえば，児童や生徒の定数や編制の仕方のほか，学級数に応じた教職員定数が明確に定められている。すなわちこのことは，学級は法律によってその質が保証されているということを意味する。

　これに対して，例えば教室という言葉は，そもそも学校教育法には登場しない。より下位の法令である学校教育法施行規則や小学校等の設置基準には出てくるけれども，それらの法令における教室も，あくまで教育に関する施設・設備としての条文があるにすぎない。すなわち教室は，教育の内容に直接関わるような根拠をもっていない言葉であるといえる。

2．特別支援学級における教育課程

(1) 特別の教育課程とは

　学校教育法施行規則第 138 条には，小学校，中学校もしくは義務教育学校または中等教育学校の前期課程における特別支援学級の教育課程について，特に必要がある場合は，**特別の教育課程**[*2] によることができると規定されている。

*2　「特別の教育課程」というのは，固有名詞化した用語である。

　この特別の教育課程については，**学習指導要領**に，より踏み込んだ規定がある。ここでは小学校学習指導要領[*3] をみてみよう。

*3　2017 年版小学校学習指導要領の「第 1 章　総則」の「第 4　児童の発達の支援」の「2　特別な配慮を必要とする児童への指導」の「(1) 障害のある児童などへの指導」。中学校学習指導要領にも，同様の規定がある。

イ　特別支援学級において実施する特別の教育課程については，次のとおり編成するものとする。
(ア) 障害による学習上又は生活上の困難を克服し自立を図るため，特別支援学校小学部・中学部学習指導要領第 7 章に示す自立活動を取り入れること。
(イ) 児童の障害の程度や学級の実態等を考慮の上，各教科の目標や内容を下学年の教科の目標や内容に替えたり，各教科を，知的障害者である児童に対する教育を行う特別支援学校の各教科に替えたりするなどして，実態に応じた教育課程を編成すること。

　ここで述べられているのは，次の 3 点にまとめることができる。
① 特別支援学校で行われている**自立活動**を取り入れること[*4]。
② 各教科の目標や内容を，児童や生徒が在籍しているよりも下の学年のものに替えることができること。
③ 各教科を，知的障害特別支援学校における各教科に替えることができること。

*4　自立活動については，本章 2.4 および第 4 章を参照。

特別支援学級は，小中学校において設置されているので，その教育課程を編成するに当たっては，小中学校の目的・目標を達成することがまずは基本となるけれども，障害のある児童生徒に即して教育課程を編成する場合，自立活動を取り入れるほか，各教科を下学年のものと替えたり，知的障害の児童生徒の場合は，知的障害特別支援学校の各教科を取り入れることが可能になっている。

（2）特別の教育課程の編成

知的障害特別支援学校の各教科を取り入れるためには，知的障害特別支援学校の教育課程を知っておく必要がある。ここでは，要点だけを示しておこう。詳しくは，本章 2.4 を参照してほしい。

知的障害特別支援学校（小学部および中学部。以下同じ）の教育課程は，各教科，特別の教科である道徳（道徳科），総合的な学習の時間，（外国語活動）[5]，特別活動，自立活動の各領域（以下「各教科等」）で構成される。

知的障害特別支援学校においては，各教科等の時間を設けて指導を行う場合と，**各教科等を合わせた指導**を行う場合とがある（ただし，各教科等を合わせた指導には，中学部における総合的な学習の時間は含まない）。すなわち，小学部においては，各教科等すべてを，また中学部においては，総合的な学習の時間を除いた残りの各教科等を合わせて指導を行うことができる（学校教育法施行規則第 130 条第 2 項）。そして，知的障害特別支援学校における特徴的な指導の形態は，各教科等を合わせた指導であるといってよい。学習指導要領解説（各教科等編）[6]には各教科等を合わせた指導として，**日常生活の指導**，**遊びの指導**（小学部のみ），**生活単元学習**，**作業学習**の 4 種類が例示されている（文部科学省 2018b：31）。

加えて，特別支援学級における教育課程の編成に関して，2 点述べよう。

その第一は，授業時数の配分についてである。特別支援学級においては，各教科等への授業時数の配分を柔軟に行うことができる（学校教育法施行規則第 138 条）。ただし，総授業時数は，小学校，中学校と同じである。

第二は，教科用図書（教科書）の使用に関してである。特別支援学級において特別の教育課程による教育を行う場合，児童生徒の当該学年の教科書に替えて，他の適切な教科書を使用することができる。参考までに，この規定の根拠である学校教育法施行規則第 139 条（抜粋）を以下に掲げておこう。「特別の教育課程による特別支援学級においては，文部科学大臣の検定を経た教科用図書を使用することが適当でない場合には，当該特別支援学級を置く学校の設置者の定めるところにより，他の適切な教科用図書を使用することができる」。

（3）特別支援学級の児童生徒の理解と支援

特別支援学級に在籍する子どもについて，小学校学習指導要領および中学校学習指導要領では，**個別の教育支援計画**や**個別の指導計画**を作成する

*5　総合的な学習の時間は中学部のみに置かれている。また，外国語活動は，知的障害特別支援学校小学部の教育課程において，必要がある場合に加えることができる（学校教育法施行規則第 126 条）。

*6　本書では，
『特別支援学校教育要領・学習指導要領解説　総則編（幼稚部・小学部・中学部）』
『特別支援学校教育要領・学習指導要領解説　各教科等編（小学部・中学部）』
『特別支援学校教育要領・学習指導要領解説　自立活動編（幼稚部・小学部・中学部）』
につき，それぞれ
学習指導要領解説（総則編）
学習指導要領解説（各教科等編）
学習指導要領解説（自立活動編）
と略記。

こととされている[*7]。

ここでいう個別の教育支援計画とは「医療，保健，福祉，労働等の関係機関との連携を図りつつ，乳幼児期から学校卒業後までの長期的視点に立って，一貫して的確な教育的支援を行うために，障害のある幼児児童生徒一人一人について作成した支援計画」である。また，個別の指導計画とは「学校における教育課程や指導計画，当該幼児児童生徒の個別の教育支援計画等を踏まえて，より具体的に障害のある幼児児童生徒一人一人の教育的ニーズに対応して，指導目標や指導内容・方法等を盛り込んだ指導計画」のことである[*8]。個別の指導計画が，学校における指導のあり方に焦点を当てようとするものであるのに対して，個別の教育支援計画は，児童生徒の生涯を見通して，教育だけでなく，医療，福祉，労働等のさまざまな機関や関係者との連携によって策定されるものである。すなわち両者は，個別の教育支援計画に，個別の指導計画が位置づくという関係にある。

*7　2017年版小学校学習指導要領の「第1章　総則」の「第4　児童の発達の支援」の「2　特別な配慮を必要とする児童への指導」の「(1)　障害のある児童などへの指導」。中学校学習指導要領にも，同様の規定がある。

*8　文部科学省中央教育審議会初等中等教育分科会教育課程部会教育課程企画特別部会「教育課程企画特別部会　論点整理」p.33。

3．交流及び共同学習

本節の最後に，**交流及び共同学習**について述べておこう。交流及び共同学習とは，障害のある子どもと障害のない子どもとが学校教育においてともに活動することで，相互理解を促進しようとする取り組みのことである。具体的には，例えば特別支援学級の子どもが通常の学級において学習を行ったり，運動会等の学校行事に参加したりすることが考えられる。

交流及び共同学習の原則は，障害者基本法第16条第3項において「国及び地方公共団体は，障害者である児童及び生徒と障害者でない児童及び生徒との交流及び共同学習を積極的に進めることによって，その相互理解を促進しなければならない」と述べられている。

また，幼稚園，小学校，中学校，高等学校および特別支援学校の各学習指導要領において，交流及び共同学習は，障害のある児童生徒と障害のない児童生徒とが「交流及び共同学習の機会を設け，共に尊重し合いながら協働して生活していく態度をはぐくむようにすること」という同じ文言で示されている。

日本政府は，2014年2月に**障害者の権利に関する条約**を批准した。この条約の目的は第1条で「全ての障害者によるあらゆる人権及び基本的自由の完全かつ平等な享有を促進し，保護し，及び確保すること並びに障害者の固有の尊厳の尊重を促進すること」だとされている。

現在の社会において，総体として障害者が健常者と分断され，さまざまな不利益を被っていることは間違いない。交流及び共同学習は，小さな取り組みだが，相互理解を促進するために重要な役割を果たすといえる。

[尾高　進]

2.4 特別支援学校

特別支援学校は，日本の特別支援教育において，中心的な役割を担っている。今後，小中学校等との交流がますます進むと考えられる。特別支援学校についてよく理解しておくことは，特別支援学校の教員にならないとしても，重要な課題になっているといえる。

1．特別支援学校の教育

特別支援学校の目的は，学校教育法第 72 条において「特別支援学校は，**視覚障害者**，**聴覚障害者**，**知的障害者**，**肢体不自由者**又は**病弱者**（身体虚弱者を含む。以下同じ。）に対して，幼稚園，小学校，中学校又は高等学校に準ずる教育を施すとともに，障害による学習上又は生活上の困難を克服し自立を図るために必要な知識技能を授けることを目的とする」と規定されている。すなわち特別支援学校の目的の第一は，上記の障害をもつ児童生徒に対して，幼稚園や小学校等に「**準ずる教育を施す**」ことにある。法律用語としての「準ずる」は原則として同一であり，下位の意味をもたないと説明されており「準ずる教育を施す」というのは，幼稚園や小学校等の教育目標の達成に努める教育を行うことだとされている[*1]。

障害児を対象とする教育機関は**盲学校**，**聾学校**，**養護学校**の 3 種であったが，2007 年度から**特別支援学校**という学校種に統一された[*2]。ただし，学校教育法 73 条では，各学校が対象とする障害児を明示することになっている。

特別支援学校の名称は，幼稚園や小学校等とは異なっており，**幼稚部**，**小学部**，**中学部**，**高等部**という（学校教育法第 76 条）。

学校教育法施行規則第 126 条から第 128 条において，小学部，中学部，高等部の教育課程が定められている。小学部の規定は以下の通りである。

*1 なお，特別支援学校が対象とする障害の程度については，第 1 章 1.1 を参照のこと。

*2 学校の名称としては，盲学校，聾（ろう）学校，養護学校を使うことが認められており，以前からの名称を継続している学校もある。

第 126 条 特別支援学校の小学部の教育課程は，国語，社会，算数，理科，生活，音楽，図画工作，家庭，体育及び外国語の各教科，特別の教科である道徳，外国語活動，総合的な学習の時間，特別活動並びに自立活動によつて編成するものとする。
2 前項の規定にかかわらず，知的障害者である児童を教育する場合は，生活，国語，算数，音楽，図画工作及び体育の各教科，特別の教科である道徳，特別活動並びに自立活動によつて教育課程を編成するものとする。ただし，必要がある場合には，外国語活動を加えて教育課程を編成することができる。

すなわち，特別支援学校小学部の教育課程は，各教科，特別の教科である道徳，外国語活動，総合的な学習の時間，特別活動及び自立活動の 6

つの領域によって構成されている。中学部の教育課程の場合（第 127 条），外国語活動はないので 5 つの領域で構成されている。高等部の教育課程の場合（第 128 条）は，各教科に属する科目，総合的な学習の時間，特別活動および自立活動の 4 つの領域から構成されている。

　特別支援学校の教育課程に特有の領域として**自立活動**がある。自立活動の目標は「個々の児童又は生徒が自立を目指し，障害による学習上又は生活上の困難を主体的に改善・克服するために必要な知識，技能，態度及び習慣を養い，もって心身の調和的発達の基盤を培う」（文部科学省 2017c：199）とされている[*3]。すなわち自立活動は障害による困難の改善・克服がめざされている活動である。自立活動の内容は，特別支援学校学習指導要領[*4] に「**健康の保持**」「**心理的な安定**」「**人間関係の形成**」「**環境の把握**」「**身体の動き**」「**コミュニケーション**」の 6 つの区分が示されており，さらにその下に合計で 27 項目がある。

2.　知的障害の子どもを対象とした教育課程

　知的障害者を教育する場合の教育課程は，これまで述べてきた内容とはかなり異なっている。ここではまず，教科や領域構成の違いをみてみよう。

　1. において示した学校教育法施行規則第 126 条が特別支援学校小学部の教育課程である。その第 2 項が知的障害の児童を教育する場合の教育課程である。第 1 項[*5] と比べて，どんな点が違うだろうか。

　第 1 項は，知的障害ではない子どもを対象とした小学部の教育課程だが，自立活動を除けば，小学校の教育課程と同じである。

　それに対して知的障害の子どもを対象とした教育課程（第 2 項，以下「知的障害教育」）は，小学校の教育課程とは異なっている点がいくつかある。

　まず，知的障害教育小学部には，教科としては社会科と理科，外国語科がない。総合的な学習の時間もないし，外国語活動は必要がある場合には加えることができることになっている。さらに，生活科は，履修の仕方も異なっている。すなわち，小学校では生活科は第 1 学年と第 2 学年で履修することになっているけれども，知的障害教育の場合は，第 1 学年から第 6 学年まで履修することになっている。

　中学部と高等部ではどうだろうか。知的障害教育中学部の教育課程が，それ以外の子どもの教育課程と異なっている点として，技術・家庭科が職業・家庭科となっていること，外国語科は必要がある場合に加えることができるということがある。知的障害教育高等部の教育課程は，教科の名称に違いがあること，教科に属する科目がないこと，道徳科があることが，それ以外の子どもの教育課程とは異なっている点である。

　また，特別支援学校学習指導要領（知的障害）は，各教科の内容は学年ごとではなく，小学部は 3 段階，中学部と高等部はそれぞれ 2 段階に分

*3　『特別支援学校小学部・中学部学習指導要領（平成 29 年 4 月告示）』「第 7 章　自立活動」「第 1　目標」。

*4　本書では，『特別支援学校小学部・中学部学習指導要領（平成 29 年 4 月告示）』を，「特別支援学校学習指導要領」と略記する。

*5　法律の条文は，第 1 項には数字を振らないので第 126 条のすぐあとの「特別支援学校の小学部の教育課程は」で始まる部分が第 1 項である。

けて示されている。

　次に，知的障害のある子どもに対して効果的な指導を行うための形態として**各教科等を合わせた指導**[6]がある。この指導形態の根拠は，学校教育法施行規則第130条第2項である。

> 2　特別支援学校の小学部，中学部又は高等部においては，知的障害者である児童若しくは生徒又は複数の種類の障害を併せ有する児童若しくは生徒を教育する場合において特に必要があるときは，各教科，道徳，外国語活動，特別活動及び自立活動の全部又は一部について，合わせて授業を行うことができる。

　前節でも述べたように，各教科等を合わせた指導として学習指導要領解説（各教科等編）には日常生活の指導，遊びの指導，生活単元学習，作業学習の4種類が例示されている。

　日常生活の指導は「児童生徒の日常生活が充実し，高まるように日常生活の諸活動について，知的障害の状態，生活年齢，学習状況や経験等を踏まえながら計画的に指導するもの」である。遊びの指導は「主に小学部段階において，遊びを学習活動の中心に据えて取り組み，身体活動を活発にし，仲間とのかかわりを促し，意欲的な活動を育み，心身の発達を促していくもの」である。**生活単元学習**は「児童生徒が生活上の目標を達成したり，課題を解決したりするために，一連の活動を組織的・体系的に経験することによって，自立や社会参加のために必要な事柄を実際的・総合的に学習するもの」である。**作業学習**は「作業活動を学習活動の中心にしながら，児童生徒の働く意欲を培い，将来の職業生活や社会自立に必要な事柄を総合的に学習するもの」である（文部科学省 2018b：31-35）。

3．複数の障害を併せ有する子どもの教育課程

　各教科等を合わせた指導は，複数の障害を併せ有する子どもの教育においても行うことができる。このほか，複数の障害を併せ有する子どもの教育には以下のようなものがある。

① 各教科及び外国語活動の目標及び内容に関する事項の一部を取り扱わないことができること。

② 例えば各教科の目標や内容の一部又は全部を，当該学年より前の学年の目標及び内容の一部又は全部によって替えるなど。下学年適用や下学年代替といわれる。学部をまたいで（例えば中学部の国語を小学部の国語に替えて）指導することもできる。

③ 知的障害を併せ有する児童の場合，知的障害のある子どもに教育を行う特別支援学校の各教科等の目標及び内容に一部又は全部を替えること。知的障害代替や知的障害適用といわれる。

④ 自立活動を主とした活動に替えること。

　複数の障害を併せ有する児童の教育課程を編成するときは，当該児童生徒生涯の状態によって特に必要がある場合には，弾力的な教育課程を編成することができる。

4．地域社会とのつながりを築くために

　特別支援学校は，そこに通学する子どもの居住地から離れたところに立地し，子どもはスクールバスで通学することが多い。そのため，①子どもと居住地，②子どもが通学する特別支援学校とその周りの地域，という二重の関係を築くうえで不利な状況にある。ここでは，そうした状況を改善するための 2 種類の手立てにふれる。

　そのひとつは，二重在籍（登録）という手立てである。これは，特別支援学校に就学する子どもが，自分の居住地域の小学校や中学校にも籍をもつようにすることで，居住地域の学校の学級行事や諸活動などに参加し，居住地域の学校の子どもと交流・共同することを可能にする方法である。自治体によって，**副 (学) 籍**，**支援籍**等の呼称が用いられる場合がある。

　2 つめの手立ては，**交流及び共同学習**である。交流及び共同学習とは，前節でみたように，障害のある児童生徒と障害のない児童生徒とが学校教育において共に活動することで，相互理解を促進しようとする取り組みのことである。特別支援学校において取り組まれている交流及び共同学習は，次の 3 種類があるとされる。

　そのひとつは**学校間交流**である。特別支援学校と小・中学校との間で行われるもので，双方の子どもが，学校行事や総合的な学習の時間，教科の時間における交流を行うほか，作品の交換や通信等の間接的な交流もある。

　2 つめは**居住地校交流**である。特別支援学校の子どもが，自分の居住地域の学校との間で行う交流のことであり，学校行事に参加したり，教科の授業を共に受けるなどがある。

　そして 3 つめに，**地域社会との交流**がある。特別支援学校の子どもと，その地域の人たちの間で行われる交流のことで，文化祭等の学校行事に地域の人たちを招いたり，地域の行事に子どもが参加するなどである。

　この章で述べたほかに，特別支援学校は，障害児教育についての高い専門性を活かして，地域の特別支援教育のセンター的役割を担うこととされている。この点については，第 4 章 4.4 を参照してほしい。　　［尾高　進］

【発展問題】

　以下の点について，グループでそれぞれの経験を出し合い，特別支援教育について，実際にどんな教育が行われているのかを理解することで，その制度を，内容も伴った形で豊かに理解できるようにしましょう。それぞれの経験は，みなさんのこれまでの学校生活でのことでもいいですし，すでに介護等体験で特別支援学校に行ったことのある人は，そこでの経験でもかまいません。

・通常の学級で，（今から考えると）特別の支援を必要とする友達はいましたか。その友達は，どんな点で困っていましたか。
・みなさんの友達で，特別支援学級に在籍していた人はいましたか。もしいたら，その人はどんな内容を学んでいたかわかる範囲で出してみて下さい。

コラム　北欧からの示唆②　多様性と柔軟性に基づく特別な教育的ニーズに応じるデンマーク

　デンマークの特別教育の特長は「多様性」である。デンマークは義務教育であっても学校に通学せず，家庭に拠点を置いて学習を行うホームスクーリングも認められているし，宗教や教育理念を反映させた私立学校の割合も北欧4カ国でもっとも高い。
　またデンマークでは2007年の地方分権改革によって日本の県にあたる行政組織を廃止したため，0年から9年の義務教育段階の保障は，特別な教育も含めて日本の市町村にあたる基礎自治体が責任を負っている。各自治体のみならず各学校の教育裁量権限が大きいため，各自治体や各学校で実情に応じた教育を柔軟に展開している。例えば，社会的困難を有する子どもと保護者が週2日10週間一緒に通学する「家族支援学級」を設置している学校がある。これは日本においても家庭支援が必要な家庭の子どもが増えていること，保護者の養育態度によって子どもの状態が変わってくることからも示唆的であろう。行動面で課題がある子どもの教育的ニーズを見極める「観察学級」もあるため，観察学級において支援を受けつつ，より専門的な支援につなげることもできる。そのうえで，ディスレクシア支援のための読字学級や読字指導センター，自閉スペクトラム症学級，ADHD学級，移民・難民のための準備学級，怠学傾向の子どもも想定したキャリア形成支援のための学級がある。社会的な困難や情緒的な課題のある子どものための社会・情緒特別学級や寮や寄宿舎のような住まいの保障もある「社会・情緒特別学校」があったりする。特別学校は他には各自治体レベルで，知的障害，重度重複障害に対応する。そして多様な教育の一環として，近年，能力の高いギフテッド教育に着手する基礎自治体が出てきた。ギフテッドのための特別なプログラムや放課後活動，ギフテッド学級，ギフテッド学校などがある。
　他にも行動面や情緒面の支援を行う専門教員「AKT教員」や「読字教員」，就学前教育や放課後・余暇支援と学校教育をつなぐ「ペダゴー」が養成，配置されている。
　各基礎自治体で特別な教育的ニーズに応じた教育を実施するために基礎自治体立「教育心理研究所（PPR）」があり，研究所に所属する心理士，言語療法士，カウンセラー，読字教員，特別教育コンサルタントが評価や指導計画作成を支援する多様な専門家が学校にかかわる仕組みがある。
　子どもの多様性を前提に，地域の必要性に応じて特別な支援の保障をめざすデンマークの取り組みは，日本の県，市町村，各学校レベルでの柔軟な教育保障において多くのヒントを示してくれるであろう。

［是永かな子］

特別の支援を必要とする子どもの理解と支援

▶キーワード

視覚障害，聴覚障害，知的障害，肢体不自由，病弱・身体虚弱，
重度・重複障害，言語障害，情緒障害，自閉スペクトラム症，
学習障害，注意欠如・多動性障害，性的マイノリティ，海外とつ
ながりのある子ども

　本章では各障害の定義やそれぞれの子どもの教育的ニーズ，そして実際の支援方法などの内容で構成されている。特別な支援を必要とする子どもは特別支援学校や特別支援学級，そして通級という特別な場で支援を受けることもあるが，近年は通常学級で支援を必要とする子どもも増えている。そのため子どもにかかわる仕事につく際の基礎知識として，本章の内容を学んでほしい。

3.1 視覚障害

視覚障害を理解するために，本節ではまず視覚障害の定義について確認し，視覚障害の特性／困難性の状態像について解説する。次に視覚障害の理解と指導について具体例を示し，教育現場における配慮事項を説明する。

1. 視覚障害とは

視覚障害と聞いてどのようなイメージをもつだろうか。街中に設置されている**点字ブロック**（正式名称「視覚障害者誘導用ブロック」），白杖を使用しての歩行や点字等を思い浮かべるのではないだろうか。**教育支援資料**[*1] によると「視覚障害とは，視機能の永続的な低下により，学習や生活に支障がある状態をいう。学習では，動作の模倣，文字の読み書き，事物の確認の困難等がある。また，生活では，移動の困難，相手の表情等が分からないことからのコミュニケーションの困難等がある」（文部科学省 2013）とされる。

また学校教育法施行令第 22 条の 3 に規定する特別支援学校（視覚障害）の障害の程度は，「両眼の矯正視力がおおむね 0.3 未満のもの又は視力以外の視機能障害が高度のもののうち，拡大鏡等の使用によっても通常の文字，図形等の視覚による認識が不可能又は著しく困難[*2]な程度のもの」とされており，他にも視覚障害のある子どもは**弱視特別支援学級**[*3]や**通級による指導**を受けることもある[*4]。

視覚障害と聞くと視力の障害を一番に考えるが，**視機能**には視力だけではなく視野，色覚，光覚，眼球運動などの諸機能があり，視野障害，色覚障害，明順応障害，暗順応障害などを含めたものをいう。また教育上特別な支援や配慮を要する視覚障害として，両眼ともに視機能が低下していること，現状以上の視機能の回復が望めないことの条件が伴う必要がある。つまり，「視機能の永続的な低下」というのは，手術などの医療的対応を行っても，現状以上の視機能の回復が望めないことを表している。

視力障害は視覚障害のうち最も学習上の支障をきたしやすい。**視力**はものの形などを見分ける力であり，一般的にはランドルト環（図 3.1.1）を視標に用いる。近視や乱視などの屈折異常があっても，眼鏡やコンタクトレンズで矯正可能であれば，学習上大きな支障をきたすことはない。視力には 5m の距離で測定する**遠見視力（えんけん）**と，30cm 前後の距離で測定する**近見視力（きんけん）**がある。一般的に遠見視力を視力という。直径 7.5mm，太さ 1.5mm の視標の中の 1.5mm の切れ目を 5m 離れた所から弁別できれば視力は 1.0 である。近見視力は，文字の読み書き等手元を見る視力のことである。また，眼を近づけて

*1 障害のある児童生徒等の就学手続に関する具体の業務を行う際の参考として，就学手続の概要，障害の実態把握の方法，教育的対応などを文部科学省がまとめたもの。刊行はされておらず，文部科学省の HP にて公開されている。

*2 通常の文字，図形等の視覚による認識にかなりの時間を要するとともに，すべての教科等の指導において特別の支援や配慮を必要とし，かつ，障害を改善・克服するための特別な指導が系統的・継続的に必要であること。

*3 弱視特別支援学級は，「拡大鏡等の使用によっても通常の文字，図形等の視覚による認識が困難な程度のもの」（平成 25 年 10 月 4 日付け 25 文科初第 756 号初等中等教育長通知）

*4 通級による指導（弱視）は，「拡大鏡等の使用によっても通常の文字，図形の視覚による認識が困難な程度の者で，通常の学級での学習に概ね参加でき，一部特別な指導を必要とするもの」（平成 25 年 10 月 4 日付け 25 文科初第 756 号初等中等教育長通知）。詳しくは第 2 章参照。

図 3.1.1 ランドルト環
（出所）文部科学省（2013）

最も小さな視物を認知する能力のことを**最大視認力**（最小可読視標）という。

　両眼で見た遠見の矯正視力が 0.3 程度まで低下すると，学習上支障をきたすようになり，教育上特別な支援や配慮が必要となる。視力の状態は，視力検査の結果を数値で表すが，0.01 より低い視力は数値では表せないので，光覚弁（明暗がわかる），手動弁（眼前で手の動きがわかる），指数弁（眼前で指の数がわかる）などで表される。視力が少しあっても，文字や形などを視覚的に認知することが困難な場合は，**点字**での学習が必要となる。

　また，視力以外にも**視野障害**や**光覚障害**などの視機能の障害を併せ有している場合が多く，教育上特別な支援や配慮が必要である。**視野**とは，正面を見ている場合に，同時に上下左右などの各方向が見える範囲のことで，通常，上が 60 度，下が 70 度，内側が 60 度，外側が 100 度見えるといわれている。この範囲が，周囲の方から狭くなって中心付近だけが見えるものを**求心性視野狭窄**（きょうさく）といい，視野が中心部 10 度以内になると，視力は低下しなくても歩行での移動や周囲の状況把握が難しくなる。逆に，**中心暗点**といい周囲は見えるが，中心部だけが見えない場合もあり，この場合は視力も低下する。光覚障害のうち**暗順応障害**は，うす暗い光の中でも次第に目が慣れる暗順応の働きがうまくできず，目が慣れるのに著しく時間がかかったり，**夜盲**といわれ，暗いところではほとんど見えず，夜道での歩行が難しかったりする状態である。**明順応障害**は昼盲といわれ，明るいところで目が慣れにくく見にくかったり，**羞明**（しゅうめい）というまぶしさを強く感じたりする状態である。

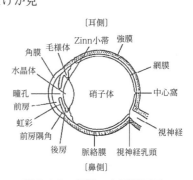

図 3.1.2　眼球の水平断面図 *
（出所）文部科学省（2013）

　視覚障害は，**図 3.1.2** と**図 3.1.3** に示される眼球および視神経から視中枢までの視路のいずれかの部分の障害によって起こる。眼球をカメラで例えてみると，**図 3.1.2** に示される角膜と水晶体は透明で光線を屈折し，カメラのレンズの役割になる。**図 3.1.2** と**図 3.1.3** に示される網膜はフィルムであり，ピント合わせは毛様体筋や Zinn 小帯の働きで，水晶体の弾性により屈折力が変化して行われる。虹彩（こうさい）の働きで瞳孔径が変化するが，これはカメラの絞りにあたる。視神経は，網膜の反応を視覚中枢へ伝える。網膜に写った外界の映像は視中枢に伝達されて知覚する。学齢時にみられる視覚障害の主な疾患原因としては，小眼球，先天性白内障，視神経委縮，網膜色素変性症，未熟児網膜症，強度近視などがある（文部科学省 2013）。

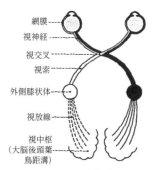

図 3.1.3　視路
（出所）文部科学省（2013）

2．特性／困難性の状態像

　視覚障害のある子どもは，視覚を通しての十分な情報が得られないために，日常生活や学習においてさまざまな支障や困難を伴うことが多い。「百聞は一見に如かず」という言葉があるように，私たちが視覚，聴覚，触覚，嗅覚，味覚等の全感覚から得る情報の 8 割を視覚情報が占めていると言わ

れている。視覚障害は，空間に関する情報障害といってもよい。視覚障害のある子どもの抱える困難さには，移動，読み書き，日常生活の動作，コミュニケーションなどがある。視覚に障害があることで，具体的にどのような支障や困難さを伴うかを考えると，視覚情報の重要性が理解できる。

移動においては歩行一つとっても，見える場合は特に意識しなくても視覚からの情報を多く得ることにより，安全に歩くことができる。しかし，視覚障害のある子どもは，信号が見えない，見えにくいことから始まり，歩く道やその周りの状況などの情報を得るための手段や方法について獲得しなければ，自由に外出することができない。また，新しい場所への移動ごとに事前に必要な情報を新たに得なければいけない。

読み書きについては，点字に代表されるように，一般的な活字文字に代わる文字の習得が必要となってくる場合がある。また，見えにくい子どもは，教室の一番前の座席に座っても板書を見て書き写すことが難しかったり，通常に配られる資料等が見えづらかったりする。それを解消するために，**視覚補助具**[*5] の活用の仕方を習得する必要がある。

私たちは，朝起床してから，顔を洗い，トイレに行き，服を着替え，朝ご飯を食べるなどのさまざまな日常生活動作を行っているが，これらの日常生活動作は，ほとんどを視覚からの情報に頼って行っている。見えなければ，視覚以外からの情報や，事前に学習した記憶に頼って行動する必要があり，その困難さを容易に想像できる。また，動作の模倣ができないことは，日常生活動作の獲得をより困難なものにしている。

コミュニケーションについては，言語でのやり取りが可能であるのに，なぜ困難さが生じるかと疑問に思うかもしれない。しかし相手の表情が見えないあるいは見えにくいために，話し相手の意図や感情の変化を読み取ることが難しくなる。そのため他者とのかかわりが消極的，受動的になる傾向も見られる。

見えにくさのため，生まれつき鮮明な画像を見た経験がない子どもにとって「見える」ということは，一般的に考える「見える」状態とは違うということも知っておく必要がある。視野が狭ければ全体像をとらえることができていなかったり，全体像は何となく見えていても見たい部分にピントを合わせにくく，細かい部分までは見ていなかったりする場合もある。

3．理解と指導

(1) 視覚障害の状態

視覚障害のある子どもの教育を行うには，対象となる子どもの視覚障害の状態を把握することがとても重要である。学習や生活の場面において主に視覚以外の触覚や聴覚を用いる子どもを**全盲**，視覚を活用することが可能な子どもを**弱視**と呼ぶことが多い。弱視の子どもで視力が同じであって

も，視野，光覚等の状態によって見え方は大きく異なる。また，眼疾患名とともに，発症の時期についても知っておく必要がある。同じ全盲であっても，視経験が全くない先天盲と視経験がある中途失明では，色の理解のさせ方を考えてもわかるように，概念形成におけるイメージの持たせ方が異なる。疾患によっては進行するものや，学校生活において配慮を有する場合もあるので主治医等の医療機関や視能訓練士との連携が必要である。

(2) 特別支援学校（視覚障害）

　視覚障害のある子どもの教育を専門的に行う特別支援学校（視覚障害）には，多くの場合，幼稚部，小学部，中学部，高等部が設置されており，一貫した教育を行っている。視覚に障害のある乳幼児には，視覚情報の不足から生じる困難を補うために早期からの教育支援が必要とされており，幼稚部と併せて0歳児からの早期支援・家族等への支援を行っている学校が多い。視覚に障害のある乳幼児への支援においては，どのようにして外界への興味・関心を引き出すかということがポイントとなる。そのためには，乳幼児が安心して活動できる環境を設定し，刺激が過多にならないようわかりやすく，受け止めやすい活動を心がけ，遊びを通して全身運動や手指機能の発達を促し，全盲児には「自分から触る・探索する」活動，弱視児には「見る」活動を豊かに体験させたい。また，保護者支援も早期支援のもう一つの要であり，親の心の安定が子どもの情緒の安定の基盤となり，人との信頼関係や外界への関心，探索活動の育成に繋がる。高等部（専攻科を含む）には，普通科のほかに，専門教育を主とする学科として，保健理療科，理療科，理学療法科などが設置されており，特色ある職業教育が行われており，中途障害の成人も学ぶことができる。また，多くの特別支援学校（視覚障害）には，通学が困難な子どものために寄宿舎が設けられている。

(3) 自立活動

　視覚障害のある子どもの自立と社会参加に向けて，個々の障害の状態や発達段階に基づいた系統的・計画的な**自立活動**[*6]の指導がとても重要である。具体的な内容としては，保有する感覚の活用，日常生活動作，歩行，点字，視覚補助具の活用，ICT活用，眼疾に関する理解と視覚管理などがあり，個々の実態に応じて必要な内容について指導を行う。

*6　自立活動については，2.4および第4章を参照。

　保有する感覚の活用については，視覚，聴覚からの情報は，受け手が拒否しなければ受動的に入ってくるが，触覚は情報を受動的に得なければいけないところに大きな違いがあることに配慮して指導する必要がある。全盲の子どもには**触察**（触って観察する）の指導を行うが，ものの特徴を理解するために，どのように触ればよいのか，手や指の動かし方，触る順序等について丁寧な指導が必要である。

　歩行指導については，視覚障害者の歩行が単なる移動ではなく，生活の質（QOL）の向上に繋がることをおさえておく必要がある。学校における

歩行指導は，歩行指導全般に関する専門的な知識や技能をもっている歩行訓練士と連携しながら，そのアドバイスのもと行うことが望ましい。歩行指導の具体的な指導内容例と留意点として，学習指導要領解説（自立活動編）（文部科学省 2018c）には，以下のように示されている（一部抜粋）。

○発達の段階に応じて，伝い歩きやガイド歩行，基本的な白杖の操作技術，他者に援助を依頼する方法などを身に付けて安全に目的地まで行けるように指導することが重要である。また，弱視の児童生徒の場合は，白杖を用いた歩行の際に，保有する視覚を十分に活用したり，視覚補助具を適切に使ったりできる力を付けることも必要である。

○白杖を用いて一人で市街を歩くときには，その前に，出発点から目的地までの道順を頭の中に描くことが重要である。歩き始めてからは，白杖や足下からの情報，周囲の音，太陽の位置，においなど様々な感覚を通して得られる情報を総合的に活用して，それらの情報と頭の中に描いた道順とを照らし合わせ，確かめながら歩くことが求められる。したがって，周囲の状況を把握し，それに基づいて自分のいる場所や進むべき方向などを的確に判断し行動できるよう指導することが極めて重要である。

(4) 全盲の子どもへの指導

　全盲の子どもは，触覚や聴覚を活用しながら**点字**[*7]を使って学習を進める。点字を習得する基礎として，自発的な探索活動や，「触って知る」力（触覚的認知能力），手指の操作性などのレディネスが必要である。点字は全盲の子どもにとって，思考やコミュニケーションの手段として欠かすことができないものであり，その指導は実態に応じて「喜び」や「達成感」を味わえるよう，系統的・体系的に段階に応じて丁寧に行う必要がある。点字を常用する子どもは，検定教科書を基に障害の特性を考慮した必要最小限の内容の修正や差し替え，図，表，写真等の点図化や文章化などにより点訳された点字教科書を使用している。全盲の子どもの学習においては，できるだけ実物を触ることが望ましいが，小さすぎるものや反対に大きすぎるもの，実際に触ることが難しいものは，市販の標本や模型，3D プリンターでの自作立体教材の活用が有効である。その他にも立体コピーや，レーズライター（表面作図器）等を使用して，子どもの発達段階や，教科の内容に合わせた**触図**（凸図）の作成，効果的な活用が必要である。また，感光器（光量を音の高低で表す機器）や音声温度計，音声電卓などの聴覚情報を活用する機器も使用する。点字では筆算ができないため，指が軽く触れても珠が動かない視覚障害者用そろばんを使って，珠算指導を行う。

(5) 弱視の子どもへの指導

　弱視の子どもは，主として保有している視覚を活用し普通文字（墨字と表現する時もある）での学習を進める。教科書は見え方に応じて通常の検定教科書または**拡大教科書**[*8]（教用特定図書）を使用する。文字サイズは大きければ良いというものではなく，MNREAD-J などの読書評価法を

[*7] 点字は，縦 2 列に並んだ 6 点の組み合わせで 50 音を表す。
❶❹　①②④で母音を
❷❺　③⑤⑥で子音を
❸❻　表す。

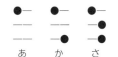
　あ　か　さ

濁音，半濁音，促音，拗音，数字，音符，アルファベット，数学・理科記号もある。点字はすべて横書きで，凸面を左から右へ読んでいく。点字を書く用具には，一点一点を天筆で打つ点字盤と，6 点を一度に打つ点字タイプライター（パーキンスブレーラー）等がある。

[*8] 拡大教科書は，弱視の子どものために文字や図を拡大して見やすくした教科書。単に文字や図形を拡大したものではなく，書体（フォント）やレイアウトの変更，図や表の色やコントラストの調整等の配慮がされ，みやすいものとなっている。1 教科につき 18，22，26 ポイントの 3 種類が作成されることが多い。

用い，見え方に合わせた効率的な最適な文字サイズの選択を行う必要がある。読み書きのために斜面台付き机や書見台を使用すると，手元が見えやすく，楽な姿勢で学習できる。教材の作成に当たっては，文字などを拡大するだけではなく，見やすいレイアウトや，白黒反転等にも配慮する必要がある。**弱視レンズ**[*9] や **拡大読書器**[*10] を使用して，通常の資料や本を見え方に合わせて拡大し，見ることができるよう指導することは，視覚的なさまざまな情報を収集する力をつけるためには大切である。弱視レンズ等の便利さや必要性を低学年から習得しておくと，思春期に入ってから周囲の目を気にして使わなくなるなどの拒否感が生じにくいと考える。

　障害の理解と受容については，発達段階に応じた指導が必要で，自分の眼疾や見え方（視力や視野等）について知り，危険場面の回避や保有する視機能の維持等についての視覚面での自己管理が行えるとともに，必要な支援や具体的な配慮を他者に伝えられることをめざしたい。

(6) ICT の活用

　ICT 活用については，近年コンピュータ等の情報機器の発展は目覚ましく，視覚障害のある子どもにとっても情報活用能力を培うことは，QOL の向上に繋がる。タブレット端末は，視覚補助具や教材としての活用が可能である。具体的な指導内容例と留意点として，学習指導要領解説（自立活動編）（文部科学省 2018c）には，以下のように示されている（一部抜粋）。

○視覚障害により点字を常用して学習する児童生徒の場合，キーボードでの入力や点字ディスプレイへの出力に慣れ，点字と普通の文字を相互変換したり，コンピュータの読み上げ機能を使って文書処理をしたりするなど，コンピュータを操作する技能の習得を図ることが大切である。さらには，点字携帯情報端末を学習や生活の様々な場面で活用することも考えられる。

○弱視の幼児児童生徒の場合，自分にとって学習効率の良い文字サイズを知り，拡大文字の資料を必要とする場合などに，コンピュータの拡大機能などを使って，文字サイズ，行間，コントラスト等を調整し読みやすい資料を作成できるような指導をすることが大切である。

4．配慮事項

(1) 各教科の指導

　視覚障害児である児童に対する教育を行う特別支援学校が各教科の指導において配慮しなければいけない事項として**表3.1.1**の5点が示されている。

　この**表 3.1.1** のような配慮事項に留意しながら，各教科の学習内容が確実に習得できるよう教科ごとに視覚障害に配慮した指導方法の工夫や教材・教具の活用が必要である。特に的確な概念形成については，言葉だけの理解に終わらないよう，いかに核となる体験をさせるかがポイントとなる。また，体育の球技については空間での認知が難しいため，特別支援学

[*9]　弱視レンズは，弱視の子供が，近くや遠くの文字や絵，図などを拡大して見るためのレンズ。（単眼鏡等の遠用弱視レンズとルーペ等の近用弱視レンズに大別され，それぞれ形状や倍率が異なる各種のもがある。）

[*10]　拡大読書器は，文字や絵などをテレビカメラでとらえ，テレビ映像として 50 倍程度までに自由に拡大して映し出す機器。白黒を反転したり，画面のコントラストや明るさも調整できたりする。

表 3.1.1 視覚障害のある子どもへの各教科の指導における配慮事項

① 児童が聴覚，触覚及び保有する視覚などを十分に活用して，具体的な事物・事象や動作と言葉とを結び付けて，的確な概念の形成を図り，言葉を正しく理解し活用できるようにすること。

② 児童の視覚障害の状態等に応じて，点字又は普通の文字の読み書きを系統的に指導し，習熟させること。なお，点字を常用して学習する児童に対しても，漢字・漢語の理解を促すため，児童の発達の段階等に応じて適切な指導が行われるようにすること。

③ 児童の視覚障害の状態等に応じて，指導内容を適切に精選し，基礎的・基本的な事項から着実に習得できるよう指導すること。

④ 視覚補助具やコンピュータ等の情報機器，触覚教材，拡大教材及び音声教材等各種教材の効果的な活用を通して，児童が容易に情報を収集・整理し，主体的な学習ができるようにするなど，児童の視覚障害の状態等を考慮した指導方法を工夫すること。

⑤ 児童が場の状況や活動の過程等を的確に把握できるよう配慮することで，空間や時間の概念を養い，見通しをもって意欲的な学習活動を展開できるようにすること。

(出所) 特別支援学校幼稚部教育要領，小学部・中学部学習指導要領（平成 29 年 4 月告示）

*11 サウンドテーブルテニスは，全国障害者スポーツ大会の競技である。アイマスクをした状態で音の鳴るピンポン球を，ネットの下を転がして競技を行う。使われる卓球台には，サイドとエンドにフレームがある。フロアバレーボールは，6 人制バレーボールを基にしたボールをネットと床の間を通して相手コートに打ち返す競技。前衛 3 人はアイシェードという目隠しを着け，ボールの音や後衛の指示を頼りにプレイする。特別支援学校（視覚障害）の全国大会も開催されている。

*12 交流及び共同学習については 2.3 および 2.4 を参照。

校（視覚障害）では，サウンドテーブルテニスやフロアバレーボール*11 などの視覚障害者向けに考案された種目を行うことが多い。

(2) 交流及び共同学習

交流及び共同学習*12 の実施においては，事前の打ち合わせが大切である。視覚障害のある子どもには交流先の学校の施設や設備，交流学習を行う学級の様子，学習内容等について事前に説明等を行い，安心して参加できる配慮をする必要がある。可能であれば，使用する教室や，トイレ等を実際に子どもと一緒に確認しておくとよい。動きのあるゲームなどの活動が予定されている場合は，その場でのルール理解は難しいと思われるので，事前にルール等について理解を促しておくことが望ましい。受け入れ側の子どもには，交流する子どもの視覚障害の状態や，白杖や単眼鏡，ルーペ等の使用する補助具等について説明しておくとともに，子どもが可能な支援についても伝えておくとよい。例えば，全盲の子どもに話しかける時には名前を名乗ることや周りの状況を言葉で説明すること，一緒に移動する時には段差等の前では止まって注意を促すことなどがあげられる。障害を理解したり，支援を経験したりすることは，共生社会の実現に繋がる。

(3) 合理的配慮

視覚障害のある子どもの教育に当たっては，どのような場で教育を行うにしても，次の**表 3.1.2** のような観点の**合理的配慮**を検討する必要がある。

[八木千晶]

表 3.1.2　視覚障害のある子どもへの合理的配慮

① 　教育内容・方法
①－1　教育内容
①－1－1　学習上又は生活上の困難を改善・克服するための配慮
　見えにくさを補うことができるようにするための指導を行う。（視覚補助具の効果的な活用，他者へ積極的にかかわる意欲や態度の育成，見えやすい環境を知り自ら整えることができるようにする等）
①－1－2　学習内容の変更・調整
　視覚情報が得にくいことを考慮した学習内容の変更・調整を行う。（状況等の丁寧な説明，複雑な図の理解や読むことに時間がかかること等を踏まえた時間延長，観察では必要に応じて近づくことや触感覚の併用，体育等における安全確保等）
①－2　教育方法
①－2－1　情報・コミュニケーション及び教材の配慮
　見えにくさに応じた教材及び情報の提供を行う。（聞くことで内容が理解できる説明や資料，拡大コピー，拡大文字を用いた資料，触ることができないもの（遠くのものや動きの速いもの等）を確認できる模型や写真等）また，視覚障害を補う視覚補助具や ICT を活用した情報の保障を図る。（画面拡大や色の調整，読み上げソフトウェア等）
①－2－2　学習機会や体験の確保
　見えにくさからの概念形成の難しさを補うために，実物や模型に触る等能動的な学習活動を多く設ける。また，気づきにくい事柄や理解しにくい事柄（遠かったり大きかったりして触れないもの，動くものとその動き方等）の状況を説明する。さらに，学習の予定を事前に知らせ，学習の過程や状況をその都度説明することで，主体的に判断できるように指導を行う。
①－2－3　心理面・健康面の配慮
　自己の視覚障害を理解し，眼疾の進行や事故を防止できるようにするとともに，身の回りの状況が分かりやすい校内の環境作りを図り，見えにくいときには自信をもって尋ねられるような雰囲気を作る。また，視覚に障害のある子供が集まる交流の機会の情報提供を行う。

② 　支援体制
②－1　専門性のある指導体制の整備
　特別支援学校（視覚障害）のセンター的機能及び弱視特別支援学級，通級による指導の専門性を積極的に活用する。また，眼科医からのアドバイスを日常生活で必要な配慮に生かすとともに，理解啓発に活用する。さらに，点字図書館等地域資源の活用を図る。
②－2　子供，教職員，保護者，地域の理解啓発を図るための配慮
　その子供特有の見えにくさ，使用する視覚補助具・教材について周囲の子供，教職員，保護者への理解啓発に努める。
②－3　災害時等の支援体制の整備
　見えにくさを配慮して災害とその際の対応や避難について理解できるようにするとともに，緊急時の安全確保ができる校内体制を整備する。

③ 　施設・設備
③－1　校内環境のバリアフリー化
　校内での活動や移動に支障がないように校内環境を整備する。（廊下等も含めて校内の十分な明るさの確保，分かりやすい目印，段差等を明確に分かるようにして安全を確保する等）
③－2　発達，障害の状態及び特性等に応じた指導ができる施設・設備の配慮
　見えやすいように環境を整備する。（まぶしさを防ぐために光の調整を可能にする設備（ブラインドやカーテン，スタンド等）必要に応じて教室に拡大読書器を設置する等）
③－3　災害等への対応に必要な施設・設備の配慮
　避難経路に明確な目印や照明を設置する。

（出所）文部科学省（2013）より作成。（下線は筆者）

3.2 聴覚障害

聴覚障害を理解するために，本節ではまず聴覚障害の定義について確認する。次に聴力図について説明し，そのうえで，具体的な対応として補聴器と人工内耳を装用している子どもへの支援や集団補聴システム，教室環境について概説する。そして，指導内容としてのコミュニケーションや教科指導等に言及し，最後に保護者への支援について示す。

1. 聴覚障害の定義

(1) 聴覚障害とは

身の周りの音や話し言葉が聞こえにくかったり，ほとんど聞こえなかったりする状態をいう。聴覚障害がある子どもには，できるだけ早期から適切な対応を行い，音声言語はじめその他多様なコミュニケーション手段を活用して，その可能性を最大限に伸ばすことが大切である（文部科学省2013）。学校教育法施行令第22条の3に規定する障害の程度と判定方法では，聴覚障害者は「両耳の聴力レベルがおおむね60デシベル以上のもののうち，補聴器や人工内耳等の使用によっても通常の話声を解することが不可能又は著しく困難な程度のもの」とされており，判定方法は身体障害者手帳の等級が2級以上のものまたは身体障害者手帳の等級が3〜6級のもののうち上の基準に該当すると医師が診断したもの，とされる。他にも聴覚障害のある子どもは**難聴特別支援学級**[*1]や**通級による指導**（難聴）で支援を受けることもある[*2]。

(2) きこえの仕組み

きこえの仕組みについては，**図 3.2.1**に示す。
音は，左右の耳介から外耳道，鼓膜，耳小骨（つち骨・きぬた骨・あぶみ

[*1] 小学校または中学校の難聴特別支援学級への就学は，「補聴器等の使用によっても通常の話声を解することが困難な程度のもの」（平成25年10月4日付け25文科初第756号初等中等教育長通知）が対象となる。

[*2] 通級による指導（難聴）は，「補聴器等の使用によっても通常の話声を解することが困難な程度の者で，通常の学級での学習におおむね参加でき，一部特別な指導を必要とするもの」（平成25年10月4日付け25文科初第756号初等中等教育長通知）が対象となる。詳しくは第2章参照。

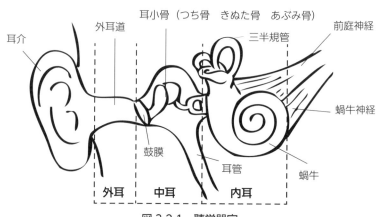

図 3.2.1 聴覚器官
（出所）国立特別支援教育総合研究所（2012）より作成

骨）と少しずつ増幅されて蝸牛に届き，そこから神経を通して脳に伝達される。この道筋のどこかにダメージがあると音は脳に届きにくくなる。

(3) 聴覚の分類

聴覚障害の分類としては，**伝音 (性) 難聴，感音 (性) 難聴，混合 (性) 難聴**に分けられる。

耳小骨までの間に音の伝達を妨げる要因がある場合を伝音 (性) 難聴，蝸牛から後の部分に伝達を妨げる要因がある場合は感音 (性) 難聴，伝音性と感音性の聴覚障害が併存する場合は，混合 (性) 難聴という。

伝音 (性) 難聴は，外耳・中耳の伝音機構が障害されることによって音エネルギーが充分に内耳に達しない。内耳以降の感覚機構そのものには障害がなく，音のひずみなどはおこらないため，病気に応じた治療や補聴器の装用などによって，伝音機構を修復したり，耳に入る音を大きくしたりできればきこえはよくなる。

感音 (性) 難聴は，内耳から聴神経にかけて障害がある場合である。感音難聴は，音の感覚機構そのものが障害を受けているため，さまざまなきこえのひずみが生じる。

感音性の特徴として，小さい音が聞こえない，話し言葉がわかりにくい，大きい音がうるさい，ききたい音が聴きにくい，などがあげられる。

きこえの程度での分類は，いろいろな基準があるが，ことばをきき分けるのに重要な 500Hz，1000Hz，2000Hz の聴力の平均値で聴覚障害の程度が**軽度・中等度・高度・重度・最重度**に分けられる。

2. 聴力図について

(1) 聴力図の読み方

純音オージオグラムを**図 3.2.2** に示す。

縦軸は聴力レベル (デシベル：dB) を示し，横軸は刺激音の周波数 (ヘルツ：Hz) を示している。

縦軸は，下に行くほどデシベル数が大となり，刺激音の強さが増すことを示す。その「0」値は多くの聞こえる人の平均的な閾値を示している。**図 3.2.2** では閾値 (○や×) がオージオグラムの下の方についているということは，聞こえる人の平均値よりも聴力が低下していることを示しており，聞こえるという反応がでるのに強い検査音が必要なことを示している。

(2) 記号の読み方と平均聴力レベル

気導：右耳は○印，左耳は×印で表し，直線で結ぶ (右は実線，左は破線と分けてもよい)。スケー

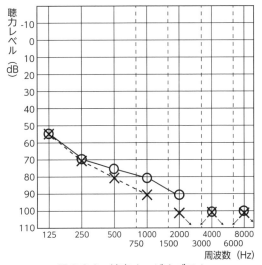

図 3.2.2　純音オージオグラム
(出所) 全国聾学校長会専門性充実部会編 (2011：53)

ルアウトの場合は，○印 ✕印で示し線では結ばない。

骨導：右耳は「[」，左耳は「]」の印で表し，周波数の線に接して記入し線では結ばない。スケールアウトの場合は✓[]╲印で記入する。

(3) 平均聴力レベルの計算

人の会話は 500・1000・2000Hz の各周波数と関係が深いため，下に示す 4 分法で計算する。

一般に聴力レベル何dBというのは**平均聴力**を指す。

*3 小数点以下の数は繰り上げる。また，計算の中にスケールアウトの値が含まれる場合は，その値に 5dBを加え算出し結果の数値に「以上」と記載する。

$$平均聴力レベル = \frac{500Hz + (2 \times 1000Hz) + 2000Hz}{4}$$

図 3.2.2 の平均聴力レベルは，○右耳 81.3dB→ 82dB

✕左耳 91.3dB→ 92dB 以上 となる*3。

---

3. 補聴器と人工内耳を装用している子どもへの支援

(1) 補聴器と人工内耳装用への配慮

補聴器や**人工内耳**は，騒音の中では十分に活用できない。グループ学習や個々が自由に発言できる場面などでは，聞き取りが困難になってくる。発表するときは，手を挙げる，立って発表する，発表者を見るなど学習のルールを決めておくとよい。

補聴器のトラブル等については，保護者，専門家（専門店）などと情報を共有し，対応していくことが大切である。保護者の了解を得て**個別の教育支援計画**に記録しておき，引き継ぐことも必要である。

補聴器も人工内耳も水には弱いため，カバーをしたり，汗をかいたらふき取るなどの手入れができるように指導していったりすることも大切である。

(2) 人工内耳について

人工内耳の調整は医療機関で行われる。学校でのきこえの様子を保護者に伝えることもあるため，気になることがあったときは，記録しておくことが大切である。

また，衝撃などで壊れることもあるため，装用部分には注意をしておく必要がある。

(3) 集団補聴システム

補聴器や人工内耳だけでは，離れた距離や騒音下の聞き取りが困難になってくる。**集団補聴システム**を使用すると，先生のマイクから子どもの補聴器についた受信機に話し声が送信されるため，離れた場所や騒音下でも聞き取ることができる。友達の発言は，マイクを回して話してもらうなどの配慮が必要となってくる。授業の始めには，教員のマイクの充電ができているか，スイッチが入っているか，子どもに教員の声が届いているか確認することが必要である。使用にあたっては，専門店等に直接説明を受

けることを勧める。

(4) 教室環境について

　現在，ほとんどの難聴特別支援学級では，椅子の脚にテニスボールを付けたり，じゅうたん等を敷いたりして騒音を軽減している。また，厚手のカーテンや掲示物を張るなどして教室内の反響を軽減させている。

　教室の環境整備や交流学級での席の配置については，聴覚特別支援学校と連携を取り実際に教室を見てもらい指導を受けるとよい。

4．コミュニケーションについて

(1) コミュニケーションとは

　学習指導要領解説（自立活動編）によると，コミュニケーションとは，人間が意思や感情などを相互に伝え合うことであり，「その基礎的能力として，相手に伝えようとする内容を広げ，伝えるための手段をはぐくんでいくことが大切である」（文部科学省 2018c：92）としている。

　聴覚障害のある幼児児童生徒の発達段階に応じて，コミュニケーションを行うための**基礎的能力**を身につけていくことが大切である。

　分かり合えるコミュニケーションのためには，双方の伝えたい，分かりたいという思いが最も大切である。

(2) コミュニケーションの方法

①読話

　話し手の口の動きや場の意味を読み取る手段である。聴覚を活用することで内容理解が増す。

　しかし，口の動きが見えなかったり逆光で口を見ることが難しかったりすると読み取りが困難になる。また，会話の中に予測できないことや知らない話などがでてくると理解することが難しい。状況に応じて視覚的な情報を提示することが必要である。

②筆談・要約筆記（文字）

　話の内容を文字で伝える方法である。教育現場では，担任等がノートに要約した内容を聴覚障害児が見ることで，聞き取りにくい言葉を知ることができる。

　また，環境が整えば，パソコンなどのICTを活用して文字情報を伝えることも有効である。現在では，音声を文字に変換するアプリ等も増えてきている。学校だけでなく，外出先でもスマートフォン等を使い，音声を文字情報に変換することが容易になってきている。

③手話

　ものの形や動き，字の形や状態などの特徴をとらえて，顔の表情などとともに手の形や動き，位置，向きなどによって意味を空間に描き出す言葉である。目で見る言葉として即時性に富み，事物や動作の具体的表現に優

れており，聴覚活用することが難しい人にとってもわかりやすい。

手話には，日本語の文法に縛られない「日本手話」，日本語の語順に従って話し言葉に対応して使われる「日本語対応手話」とこれらの中間に位置する「中間手話」などがある。

④指文字

手指の形により五十音を表すもので，拗音，促音，濁音および長音などをその動きによって表現することである。固有名詞や日本語の単語などを直接的に伝え表現する場合や助詞を表現する場合に用いられる。

⑤キュードスピーチ

口形だけでは，区別できない子音を手指記号で表す方法である。口形と音声を同時に用いることが基本条件となっている。

子ども自身が話す場合，音声および口形のみでは自分自身の発声，口形がフィードバックされにくいが，キュードスピーチを用いることにより，子ども自身がフィードバックできる。多感覚を活用することに意義があると考えられる。

この手指記号は聾学校によって違いがあり，呼び方も異なる学校がある。

5．教科指導等について

(1) 児童生徒の実態把握

児童生徒の実態把握にあたっては，主に以下の点についての確認を行う。

・障害の理解（言語面，きこえの状態，社会性等）
・知的能力
・認知の偏り，など。

平均聴力レベルや聞こえにくい部分の把握，言語発達を客観的に評価することが大切である。

平均聴力レベルについては，医療関係等での測定結果を保護者の了解のもと見せてもらうなどして把握しておくことが大切である。

言語発達に関しては，評価する検査もあるので聴覚特別支援学校等に相談するとよい。

「小学校学習指導要領（平成 29 年告示）解説　総則編」において，個別の教育支援計画及び個別の指示計画について，「特別支援学級に在籍する児童や通級による指導を受ける児童に対する二つの計画の作成と活用について，これまでの実績を踏まえ，全員について作成することとした」(p.113)と明記されている。教員は子どもの実態や指導内容などを確実に引継ぎ系

統的な指導を行っていくことが大切である。

(2) 指導にあたって

　指導にあたっては，以下の点の確認が重要である。

・相互思考の場面の設定

・教科の専門性

・視覚教材の活用

・言語指導等

・学校生活や交流について，など

　近年，聾学校では児童生徒数が減少し，少数または，１対１の授業が増えてきている。友達の意見を聞いて自分の意見を考え直したり，自分の意見に根拠をもって説明したりとなどの**相互思考**の場が少なくなっていると感じる。実情として無理だとあきらめる前に，どんな方法なら可能になるのかを考えることはできないだろうか。

　また，教員の一方的な説明で授業が展開されてはいないか，子どもたちは，教科の面白みを感じているのかなど聾学校の専門性と同様に**教科の専門性**を今一度振り返ってみる必要がある。

　学習内容を理解する手立てとして，**視覚的な教材**が有効である。ICTを活用している学校も増えてきているのではないだろうか。授業展開をすべてスライド等で提示する場合，必ず授業の流れがわかるよう最後に一覧で提示するなどの配慮が必要である。**板書**も同様で，不必要に書いたり消したりでは，学習内容を整理できない。授業の流れがわかる板書を心がけたい。

　学習の中の**新出語句等の指導**については，あらかじめ家庭と連携をとり，家庭，学校生活の中で意図的に言葉に慣れさせておくと教科の中で語句指導に時間を割くことが少なくなる。

　また，黒板の隅や，教室の後ろのスペースに「今日のことば」などのコーナーを作り新出語句等を書いておくと他の先生方も意識して使ってくれるなど協力を得やすい。

　家庭の協力も得ながら新出語句等の意味や短文作り，写真やイラストなどを一冊のノートにまとめたものも効果的であった。

　言葉を広げるためには，その言葉を使える場面はどれかを考えさせること自体が「**考える力**」の育成と重なり，逆に考えさせることで新たな語を獲得することも多いと考えられる。**図 3.2.3** にまとめられているように，「因果関係や共通点，背景などを考える習慣」が大切であると考えられる。

　学校生活全般においては，校内放送，避難訓練時の放送は聞き取りにくいことが多い。**安全教育**に関して日ごろからどのように行動するのか学習

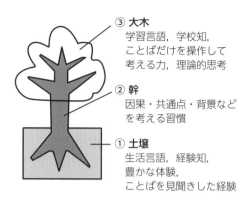

③ **大木**
学習言語，学校知，
ことばだけを操作して
考える力，理論的思考

② **幹**
因果・共通点・背景など
を考える習慣

① **土壌**
生活言語，経験知，
豊かな体験，
ことばを見聞きした経験

図 3.2.3　「考える習慣」の大切さ
（出所）脇中起余子（2013：106）

しておく必要がある。通常学級での学習場面で放送が流れた時は，周囲の人がどのようにサポートするのか確認しておくことが大切である。地震や火事を知らせるカード，避難するカード等どの子どもにも伝わる手段を決めておくことも一つの方法である。

　難聴特別支援学級や通級による指導を受ける児童等は，同じ学年や先輩の聴覚障害児との交流が少ないかもしれない。聾学校では，夏のキャンプや交流会，体験入学などの行事を設定している。また，関係機関等においても交流の場があると思う。積極的に参加をして**同障の友達**とつながりをもつことを勧める。これからの成長過程において，何かしらの心の支えになると思う。

6．保護者への支援

　教育相談に来る保護者のほとんどは病院等で難聴と診断を受け，療育機関や聾学校を紹介されている。診断を受けた保護者は，子どもの成長や将来についてどんな道筋をたどるのだろうと不安や戸惑があっただろう。

　保護者は担任をする教員よりも長い年月子どもと向き合っているはずである。これまでの養育に対して**労い**の気持ちをもって接することが大切である。

　保護者は，子どもをよくしようと思っている。時にはその思いが強すぎて，子どもの事実を見失うこともあるかもしれない。教員は保護者の思いを受け止めながら，客観的な見方，判断をしたうえで指導助言することが大切である。

　学校は，子どもを取り巻く関係機関（医療，行政等）と連携を密にしながら，子どもの**生きる力**を育んでいくことが望まれている。　　　　［山中智子］

3.3 情緒障害

　情緒障害を理解するために，本節ではまず情緒障害の定義について確認する。次に情緒障害の子どもの障害の状態を説明し，そのうえで，具体的な対応として情緒障害の理解と指導について示す。そして，自閉症・情緒障害特別支援学級の教育課程について示し，最後に配慮事項について概説する。

1．情緒障害とは

　情緒障害とは，教育支援資料では，「状況に合わない感情・気分が持続し，不適切な行動が引き起こされ，それらを自分の意思ではコントロールできないことが継続し，学校生活や社会生活に適応できなくなる状態をいう」とされている（文部科学省 2013）。つまり，情緒の現れ方が偏っていたり，激しかったりする状態を，自分の意思でコントロールできないことが継続し，学校生活や社会生活に支障となる状態である。

　また自閉症・情緒障害特別支援学級の対象として，その原因や特性，特別な教育的な配慮や指導の内容の違いから２つのタイプに分けられている。

　第１のタイプは，「**自閉症**又はそれに類するもので，他人との意思疎通及び対人関係の形成が困難である程度のもの」，第２のタイプは「主として心理的な要因による**選択性かん黙**等があるもので，社会生活への適応が困難である程度のもの」である（平成 25 年 10 月 4 日付け 25 文科初第 756 号初等中等教育長通知）。

　そして情緒障害のある子どもの状態像としては，食事の問題，睡眠の問題，排泄の問題，性的問題，神経性習癖，対人関係の問題，学業不振，不登校，反社会的行動，非行，情緒不安定，選択性緘黙，無気力などが想定される。自閉症や情緒障害のある子どもは通級による指導（自閉症・情緒障害）で支援を受けることもある[*1]。

2．情緒障害のある子どもの障害の状態

（1）自閉症[*2]

　自閉症とは，教育支援資料では，「①他人との社会的関係の形成の困難さ，②言葉の発達の遅れ，③興味や関心が狭く，特定のものにこだわることを特徴とする発達の障害」であると示されている（文部科学省 2013）。また，2013 年に改訂されたアメリカ精神医学会の診断と統計マニュアル DSM の第 5 版（以下，DSM-5）では**自閉スペクトラム症／自閉症スペク**

*1　通級による指導（自閉症者）は，「自閉症又はそれに類するもので，通常の学級での学習におおむね参加でき，一部特別な指導を必要とする程度のもの」通級による指導（情緒障害者）は，「主として心理的な要因による選択性かん黙等があるもので，通常の学級での学習におおむね参加でき，一部特別な指導を必要とする程度のもの」（平成 25 年 10 月 4 日付け 25 文科初第 756 号初等中等教育長通知）が対象となる。詳しくは第 2 章参照。

*2　自閉症について詳しくは 3.10 を参照

トラム障害と表現されており，「社会的コミュニケーションと社会的相互作用の障害」と「限定された，あるいは，反復した行動・興味・活動」の2つを主症状とするとされている。

自閉症のある子どもの教育的ニーズとしては，早期からの教育的対応の重要性，障害の理解に関する保護者等への支援の重要性が示されている。早期からの教育的対応としては，まず困難さを理解することからスタートし，具体的な対応としては，環境をわかりやすく構造化すること，一定の生活のリズムを継続して提供すること，人とのかかわりや活動への適切な参加の仕方などを学習課題として明確化し，早期から対応していくことが大切であるとされている（文部科学省 2013）。

(2) 選択性緘黙

選択性緘黙とは，教育支援資料では，「一般に，発声器官等に明らかな器質的・機能的な障害はないが，心理的な要因により，特定の状況（例えば，家族や慣れた人以外の人に対して，あるいは家庭の外など）で音声や言葉を出せず，学業等に支障がある状態である」と示されている。その中で，「原因は，一般に，将来の対人緊張や対人不安の強さがあり，集団に入るとその不安が増強することで身を固くして防衛しているということがある。また，そうした対人緊張の強さの背景要因には，知的障害や自閉症があることも珍しくないため，多方面からの調査をもとにした総合的な判断が必要であることに留意する必要がある」とされている（文部科学省 2013）。

また，DSM-5 では不安症／不安障害群に分類され，以下のように示されている。

選択性緘黙〈Selective Mutism〉

A．ほかの状況で話しているにもかかわらず，話すことが期待されている特定の社会的状況（例：学校）において，話すことが一貫してできない。

B．その障害が，学業上，職業上の成績，または対人的コミュニケーションを妨げている。

C．その障害の持続期間は，少なくとも1カ月（学校の最初の1カ月だけに限定されない）である。

D．話すことができないことは，その社会的状況で要求されている話し言葉の知識，または話すことに関する楽しさが不足していることによるものではない。

E．その障害は，コミュニケーション症（例：小児期発症流暢症）ではうまく説明されず，また自閉スペクトラム症，統合失調症，または他の精神病性障害の経過中にのみ起こるものではない。

（出所）American Psychiatric Association（2014：193）

情緒障害教育の対象としての**不登校**としては，「心理的，情緒的理由により，登校できず家に閉じこもっていたり，家を出ても登校できなかったりする状態である」と示されている（文部科学省 2013）。

3．情緒障害の理解と指導

情緒の安定を図り，円滑に集団に適応していくことができるように，多

様な状態に応じた指導が大切になる。学習指導要領解説等の中でもいくつか述べられているが，ここでは，１項で確認した２つのタイプへの指導についてみていく。

(1)「自閉症又はそれに類するもので，他人との意思疎通及び対人関係の形成が困難である程度のもの」に関しての指導について

①日常生活を安定して過ごせるようにし，基本的な生活習慣の確立を図る

日常生活習慣の形成は，社会生活の基本であり，その確立が情緒の安定にもつながることになる。

自閉症の子どもは，日々の活動と異なる出来事，急な予定の変更や見通しがもてないと，うまく対応することができず，混乱したり，不安になったりして，どのように行動したらよいかわからなくなることがある。そのような場合，結果的に情緒が安定せず，日常的な生活を送ることが困難になる場合がある。そのため，これらの不安感を解消するために，１日の学校生活の流れを理解できるように，スケジュールを視覚的に提示したり，日課等をスモールステップで提示し，現在の活動だけでなく，次はどのような活動をするのかをわかりやすくしたりして，事前にスケジュールを提示することで，心理的な安定を図ることが求められる。

また，一度学習したことを応用することが難しい側面をもっているため，場面場面で具体的にどのようにすべきかを丁寧に教えていくことが必要である。そのような中で，生活に必要な諸技能を習慣として身につけることが大切である。そのために，学校と家庭との連携を密にすることも重要である。

②対人関係のスムーズな構築方法を身につけ，人とのかかわりを深める

自閉症のある子どもなどは，社会的相互交渉の障害があるため，言葉や表情を読み取り，それに応じて行動することが苦手な面が多くあり，他者とのコミュニケーションがうまく図れないことが多く見られる。そのため，コミュニケーションの基礎を育てることはとても大切なことである。自閉症のある子どもの場合，言葉でのコミュニケーションが難しい場合，絵カードやメモ，タブレット端末などの機器を活用できるように指導することも重要である。

具体的な指導としては，以下が挙げられる。

・言葉の理解を深めるために，人の話に注意を向ける，人の話を聞く，挨拶をするなどの態度の育成が基本となる。また，実際の生活に必要な言葉を適切に使用できるように指導し，他者との関わる際の具体的な方法を身につけることができるようにすること。

・適切な対応の仕方を知るために，実際の体験を通して，「あの場面では，こういう対応をすればよかった」「あの場面では，こういう言い方をす

ればよかった」など具体的なやり取りの学習を積み重ねていくこと。その際，言葉だけでなく，その場面を再現したイラスト等を使うと，視覚的になり，子どもにも伝わりやすくなると同時に，また違う場面でも再度確認できるものとなる。

・絵や写真など視覚的な物を活用し，自分で伝えたり，タブレット端末などを活用したりして，自分の伝えたいことを相手に伝える手段として活用できるようにすること。

・相手にわかりやすく説明することが苦手なことも多いので，イラストを用いたり，イラストに自分の気持ちや相手の気持ちの吹き出しを入れたりすることにより，状況を明確に伝えることができるようにすること。

このような指導を通して，他の児童生徒や教員と一緒に活動する楽しさを味わい，集団の中に入り活動することができるようにすることが大切である。そして，他者と自発的にコミュニケーションをしたいという気持ちを育てることが必要である。そのために，子どもがどのようなことに興味・関心があるのか，また表情などから何を伝えようとしているのかを常に把握することが重要となる。

③生活の中での固執性を少なくし，行動の切り替えをスムーズに行うことができるようにする

自閉症の子どもは，同一性への固執（こだわりや常同行動）が見られ，繰り返し身体を動かしたり特定の行動を儀式的に繰り返したりする行動が見られる。学習指導要領解説（自立活動編）の中では，「このようなこだわりの要因としては，自分にとって快適な刺激を得ていたり，不安な気持ちを和らげるために自分を落ち着かせようと行動していたりしていることが考えられる。そこで，特定の動作や行動等を無理にやめさせるのではなく，本人が納得して次の活動に移ることができるように段階的に指導することが大切である。その際，特定の動作や行動を行ってもよい時間帯や回数をあらかじめ決めたり，自分で予定表を書いて確かめたりして，見通しをもって落ち着いて取り組めるように指導することが有効である」と述べられている（文部科学省 2018c：64）。

④特定の音や光など，感覚過敏があるため，本人が安心して過ごせる環境を設定する

自閉症の子どもは，感覚面に見られる過敏性や鈍感性があることが多いので，刺激の量を調整したり，遠ざけたりするなどの配慮が必要である。また，触覚の過敏さもあるため，身体接触や衣服の材質等にもこだわりがある場合がある。そのため，本人の状態に応じた対応が必要となり，本人がどのようなものが苦手であるのかを把握したうえで，自分の不快感を伝えることができる，また，自ら避けることができるような指導を取り入れ

つつ，さまざまなものに少しずつ触れながら，慣れていくというようにする指導も必要である。

　聴覚過敏の場合は，自分の苦手な音を知り，自らその音から離れたり，他者に伝えたりするスキルを身につける指導も必要である。イヤーマフやノイズキャンセリングヘッドホンなどの利用も考えることもできる。声の大きさなども，そのレベルをイラスト化し，その場に応じた大きさの声を出すことを身につけたり，伝えたりすることができるようになることも大切である。

　また，児童生徒が安心して過ごせる環境づくりや，心地よく感じることのできる刺激を見つけていくことも必要である。

⑤困難な場面が生じたときに，周囲に援助を求めることができるスキルの確立を図る

　日ごろから，他者に自分の気持ちを伝える場面を多く設定したり，援助を出すことによって，よかったと思えるような体験を積み重ねたりすることがとても大切である。指導者側も，生徒自身が気軽に援助を求めることができる関係づくりを日ごろから構築しておくことも必要である。

⑥運動機能，感覚機能の向上を図る

　運動機能，感覚機能を高める指導は，運動発達や近くの発達の基礎となる。よって，「動作の模倣，遊具や道具を使った運動等により，自ら身体を動かそうとする意欲を育て，協応動作等，運動機能の調和的発達を図るようにする」こと，特に，「視覚，聴覚などを正しく活用することで目的のある行動を形成することをねらいとし，教材・教具を工夫することが大切」である（文部科学省 2013）。

(2)「主として心理的な要因による選択性かん黙等があるもので，社会生活への適応が困難である程度のもの」に関しての指導について

①心理的な要因による選択性かん黙などの幼児児童生徒には，安心できる雰囲気の中で，情緒の安定のための指導を行う

　学校では，「無理に話をさせようとしない」「子どものプライドに配慮する」「緊張や不安が軽減される学級づくりをする」「話すことを目的とした指導をしない」等の対応が大切である。

　学習指導要領解説（自立活動編）では，「吃音のある幼児児童生徒の場合，吃音に関する知識を得る機会がないと，吃音症状が生じることへの不安感や恐怖感をもち，内面の葛藤を一人で抱えることがある。そこで，自立活動担当教師との安心した場の中で，吃音について学び，吃音についてより客観的に捉えるようにしたり，発達の段階に合わせて，吃症状の変化等の，いわゆる吃音の波に応じて，例えば，在籍学級担任に「どうして欲しいのか」等を伝える，その内容と伝え方を話し合っていたりすることが大切である」と示されている（文部科学省 2018c：57）。

　コミュニケーションに関しては，「学校生活等においてできるだけ言葉少なくすまそうとするなど消極的になることがある。このような要因として，人とのコミュニケーションに不安感や恐怖感を抱えていることが考えられる。このような場合には，自立活動担当教師との安心できる関係の中で，楽しく話す体験を多くもつ，様々な話し方や読み方を体験したり，自分の得意なことに気付かせて自信をもたせたりすること等を通して，吃音を自分なりに受け止め，積極的に学習等に取り組むようにすることが大切である」（同上：66）と示されている。

　選択性緘黙のある子どもの具体的指導内容例としては，「特定の場所や状況等において緊張が高まることなどにより，家庭などではほとんど支障なく会話できるものの，特定の場所や状況では会話ができないことがある。こうした場合，本人が話したくても話せない状態であることを理解し，本人が安心して参加できる集団構成や活動内容等の工夫をしたり，対話的な学習を進める際には，選択肢の提示や筆談など様々な学習方法を認めたりするなどして，情緒の安定を図りながら，他者とのやり取りができる場面を増やしていくことが大切である」（同上：63）と示されている。

　このように，一人ひとりの児童生徒の学習の状況等に応じて，通常の学級での授業や特別活動に参加して交流を進め，人間的なふれあいを深め，集団参加が円滑にできるようきめ細かな配慮が必要である。

　個々の子どもによって指導目標や指導内容，指導方法が異なることにも留意が必要である。

②生活リズムの安定を図り，不登校等による学習空白に配慮しつつ，基礎的・基本的な学力を身につける

　「勉強が分からない」「居場所がない」という不安が学校を遠ざけてしまわないように，配慮し指導をしていくことが大切になる。また，心理面での不安定さから，学習の積み上げが難しかったり，治療等により学習の空白期間が生じたりする場合もあることから，学習内容の定着に配慮する。同じく，学習機会の不足等による配慮が必要である（文部科学省 2013）。

　関係機関や保護者との連携を密にし，情報を収集しながら，学業や生活面での相談に乗るなどのさまざまな指導，援助が必要となる。

4．自閉症・情緒障害特別支援学級の教育課程について

　特別支援学級の教育課程の編成に関しては，学校教育法施行規則第138条において，「小学校若しくは中学校又は中等教育学校の前期課程における特別支援学級に係る教育課程については，特に必要がある場合には，第50条第1項，第51条及び第52条の規定並びに第72条から第74条までの規定にかかわらず，特別の教育課程によることができる」と示されている。自閉症・情緒障害特別支援学級の教育課程の編成については，原則

として，小学校または中学校の学習指導要領によることになるが，在籍する子どもの実態から，上記学校教育法施行規則第 138 条に基づき，特別の教育課程を編成することができる。特別の教育課程を編成する場合は，特別支援学校の学習指導要領の内容を参考にして，教育目標や教育内容を決めていくことになる。

　自閉症等のある子どもは生活技能が十分に身についていないことなどもあるため，知的障害特別支援学校の各教科等を参考にすることも必要となる。

　また，心理的な要因による不登校等のために，学習に空白がある子どもに対しては，各教科の内容を下学年の内容に替えたり，基礎的・基本的な内容を重視した指導をしたりするなどの配慮も必要である。

5．配慮事項について

　情緒障害のある子どもの教育における合理的配慮の観点として，文部科学省は次の内容を挙げている（文部科学省 2013）。

（教育内容）
〇学習上または生活上の困難を改善・克服するための配慮
　社会適応に必要な技術や態度が身に付くよう指導内容を工夫する。
〇学習内容の変更・調整
　心理面での不安定さから学習の積み上げが難しかったり，治療等により学習の空白期間が生じたりする場合もあることから，学習内容の定着に配慮する。
（教育方法）
〇情報，コミュニケーション及び教材の配慮
　場面によっては，意図したことが言語表現できない場合があることから，緊張や不安を緩和させるように配慮する。
〇学習機会や体験の確保
　治療等により生じる学習機会の不足等に配慮する。
〇心理面・健康面の配慮
　情緒障害のある児童生徒等の状態（情緒不安や不登校，ひきこもり，自尊感情や自己肯定感の低下等）に応じた指導を行う。（カウンセリング的対応や医師の診断を踏まえた対応等）

　この他にも，支援体制や施設・設備についても示されている。大切なことは，合理的配慮は，一人ひとりの障害の状態や教育的ニーズに応じて決定されるものだということである。

　自閉症・情緒障害特別支援学級の子どもは，交流学級において過ごす時間も多くある。合理的配慮の観点に基づき，その子どもが，交流学級でも安心して過ごせる教育環境および学習環境を工夫することもとても大切なことになる。

〔芝野　稔〕

知的障害を理解するために，本節ではまず知的障害の定義について確認し，知的障害の学習上の特性について解説する。次に知的障害の学びの場について説明して，知的障害特別支援学校の教育課程の編成を示し，教科書についてと知的障害特別支援学級における指導について概説する。

1．知的障害とは

文部科学省の教育支援資料には，**知的障害**とは，「一般に，同年齢の子供と比べて，認知や言語などにかかわる知的機能が著しく劣り，他人との意思の交換，日常生活や社会生活，安全，仕事，余暇利用などについての適応能力も不十分であるので，特別な支援や配慮が必要な状態」とされている。また，厚生労働省の定義によると，知的障害とは「知的機能の障害が発達期（おおむね 18 歳まで）にあらわれ，日常生活に支障が生じているため，何らかの特別な支援を必要とする状態にあるもの」[*1] とされている。つまり，何らかの要因で認知発達や言語面，基本的生活習慣，社会性などが一般的な生活年齢の水準から比べて遅れて発達する障害であるといえる。その状態像は一人ひとり異なるが，知的機能については，標準化された個別式の知能検査等で測る**知能指数（IQ）**[*2] または**発達指数**[*3] でおおむね 70 ～ 75 程度以下になると，知的機能の遅れが疑われる。加えて同年齢と比べて基本的な生活習慣や社会性が十分に身についていないといった適応行動の困難性が顕著になると，知的障害と診断されることになる。つまり，10 歳の児童が 7 歳に満たない認知発達レベルにあり，衣服の着替えや清潔，排せつといった生活面が十分でなく，また，対人関係において同年齢の子どもとの遊びや会話が成立しないといった社会性が育っていない状態像を指す。したがって，知的障害のある子どもの指導については，認知発達面，基本的生活習慣，社会性について，客観的な実態把握を行ったうえで学習内容を検討することが非常に重要になる。

2．学習上の特性とは

学習指導要領解説（各教科等編）には知的障害のある児童生徒の学習上の特性等として，以下のような内容があげられている（文部科学省 2018b：26 より要約抜粋）。

① 学習によって得た知識や技能が断片的になりやすく，実生活の場面で生かすことが難しい。

② 成功経験が少ないことなどにより，主体的に活動に取り組む意欲が十

*1 厚生労働省「知的障害児（者）基礎調査：調査の結果」より。

*2 知能指数（IQ）
知能の水準あるいは発達の程度を測定した検査の結果を表す数値。知能のおおまかな判断基準とされると同時に，知的障害などの診断や支援に利用される（厚生労働省「e-ヘルスネット」より）。一般的に用いられる検査は田中ビネー V や WISC-IV である。

*3 発達指数とは
身体運動機能や社会性の発達なども含めて発達検査により発達水準を測定し，算出される数値（DQ）。検査者が直接子どもに検査したり，保護者などに質問して評価を行うものがある。代表的な検査として「乳幼児精神発達診断法」や「新版 K 式発達検査」などがある（国立特別支援教育総合研究所 Web サイト「教育相談情報提供システム」―「アセスメントについて」より）。

分に育っていないことが多い。

③ 抽象的な内容よりも，実際的な生活場面の中で，具体的に思考や判断，表現できるようにする指導が効果的である。

　この特性は一般的，包括的な傾向を示したものであり，一人ひとり特徴や程度が異なることは言うまでもない。特に近年では自閉スペクトラム症や発達障害などを併せ有する児童生徒も増加しており，個々の状態や特性を踏まえた支援が必要となる。

　知的障害のある児童生徒は上述した学習上の特性により，学校生活や社会生活を送るうえでたくさんの困難に遭遇するが，子どもが自ら見通しをもって行動できるよう，規則的でまとまりのある学校生活を送ることや，日常生活や社会生活に必要な技能や習慣が身につくよう，生活に結びついた具体的な活動を学習活動の中心に据え，実際的な状況下で指導することが大切になる。特に「できる状況づくり」を徹底し，学習環境を整えることで，さまざまな困難を乗り越えさせ，できることが増えることで自信をつけ，自主性や主体性が育っていくので，特性に応じて適切な支援を行うことは，授業づくりのうえで大変重要になってくる。

3. 学びの場

　知的障害のある子どもの教育の場は，特別支援学校および特別支援学級があるが，それぞれ対象となる程度や基準が法令や通知で定められている。特別支援学校の対象は学校教育法施行令第22条の3で以下の通り示されている。

一　知的発達の遅滞があり，他人との意思疎通が困難で日常生活を営むのに頻繁に援助を必要とする程度のもの
二　知的発達の遅滞の程度が前号に掲げる程度に達しないもののうち，社会生活への適応が著しく困難なもの

　特別支援学級の対象は，国からの通知により，以下の通り示されている。

　知的発達の遅滞があり，他人との意思疎通に軽度の困難があり日常生活を営むのに一部援助が必要で，社会生活への適応が困難である程度のもの

　以上のことから，比較的障害の重い子どもは特別支援学校，比較的障害の軽い子どもは特別支援学級での対応が適切であるといえる。しかしながら，2014（平成26）年1月に「障害者の権利に関する条約」をわが国が批准し，インクルーシブ教育システムを推進することになったことから，学校教育法施行令第22条の3に該当する児童生徒は原則として特別支援学校に就学するというこれまでの基本的な考え方を改め，市町村教育委員会は，個々の児童生徒の諸具合の状態等を踏まえた十分な検討を行い，小

中学校または特別支援学校のいずれかを判断・決定する仕組みに改めるよう法改正が行われた。いずれにせよ，就学の判断と責任を負う市町村教育委員会は，丁寧にガイダンスを行い，保護者の意向や**教育支援委員会**で専門家の意見を尊重しながら就学先の決定を行うことになる。

4. 知的障害特別支援学校の教育課程の編成

　特別支援学校は通常の小中高等学校に準じた学校であるため，育成する力や教育目標は通常の学校と同じである。2017-19 年告示の学習指導要領では児童生徒の育成を目指す資質・能力の 3 つの柱として「知識・技能」「思考力・判断力・表現力」「主体的に学びに向かう力」が示されている。知的障害のある子どもにとってもこの 3 つの柱はよりよい自立と社会参加に向け大切な要素となる。しかしながら，知的障害のある子どもには学習上の特性があるので，その特性に配慮した指導が必要となる。そのため，知的障害特別支援学校の教育課程は，子どもの発達段階や生活経験などを踏まえ，実生活に結びついた内容を中心に構成していることが大きな特色である。

　教育課程で取扱う教科等は，小学部については「生活，国語，算数，音楽，図画工作及び体育の各教科，特別の教科 道徳（以下道徳科という），特別活動並びに自立活動によって教育課程を編成し，特に示す場合を除き全ての児童に履修させるものとする」と規定されている。また，「外国語活動については，児童や学校の実態を考慮し，必要に応じて設けることができる」とされている。

　中学部については，「国語，社会，数学，理科，音楽，美術，保健体育及び職業・家庭の各教科，道徳科，総合的な学習の時間，特別活動並びに自立活動によって教育課程を編成し，特に示す場合を除き，全ての生徒に履修させるものとする」とされ，「外国語科については，生徒や学校の実態を考慮し，必要に応じて設けることができる」とされている。

　高等部については，「国語，社会，数学，理科，音楽，美術，保健体育，職業及び家庭の各教科，道徳科，総合的な探究の時間，特別活動並びに自立活動によって教育課程を編成し，特に示す場合を除き，全ての生徒に履修させるものとする」とされ，「外国語及び情報の各教科については，生徒や学校の実態を考慮し必要に応じて設けることができると規定されている。

　知的障害のある児童生徒の教育課程を編成するうえで特に次の 3 点が大きな特徴となる。

① 各教科の名称および目標や内容が通常の学校とは別に定められていること。

② 必要に応じて各教科，道徳科，外国語活動，特別活動，自立活動の全部または一部について，合わせて授業を行うことができること。

③ 通常の学校の領域にはない自立活動を指導すること。

(1) 各教科

　知的障害特別支援学校の各教科の名称は，通常の小学校等とほぼ同じであるが，内容は全く別物といえる。生活に直結する内容を中心に構成され，実際の生活に生かすことができる事柄を指導するよう，必要な知識や技能が段階的系統的具体的に示されている。

(2) 各教科等を合わせた指導

　教科の内容を教科の時間を設定して教科ごとに指導することもできるが，対象となる子どもの実態に応じて弾力的に指導することができる。その指導形態が「各教科等を合わせた指導」と呼ばれるもので，「日常生活の指導」「遊びの指導」「生活単元学習」「作業学習」が代表的なものであり，これらの学習の中で各教科等を合わせた指導を行うことになる。

　以下，学習指導要領解説（各教科等編）を参考に各指示形態について追ってみていこう（文部科学省 2018b：31-34）。

① 日常生活の指導

　生活科を中心として，学級活動など広範囲に各教科の内容が扱われる。例えば，衣服の着脱，洗面，手洗い，排せつ，食事など基本的生活習慣の内容や，あいさつ，言葉遣い，礼儀作法，時間やルールを守ることなど，日常生活や社会生活において，習慣的に繰り返される，必要で基本的な内容となる。

　日常生活の指導に当たっては，以下のような点を考慮することが重要であるとされている。

(a) 日常生活や学習の自然な流れに沿い，その活動を実際的で必然性のある状況下で行うものであること。

(b) 毎日反復して行い，望ましい生活習慣の形成を図るものであり，繰り返しながら発展的に取り扱うようにすること。

(c) できつつあることや意欲的な面を考慮し，適切な援助を行うとともに，目標を達成していくために，段階的な指導ができるものであること。

(d) 指導場面や集団の大きさなど，活動の特徴を踏まえ，個々の実態に即した効果的な指導ができるよう計画されていること。

② 遊びの指導

　主に小学部段階において，遊びを学習活動の中心に据えて取り組み，身体活動を活発にし，仲間とのかかわりを促し，意欲的な活動を引き出し，心身の発達を促すものである。特に小学部低学年において，幼稚部や幼稚園，保育所との関連性や連続性を考慮し，円滑に学校生活をスタートさせるうえでも計画的に位置づける工夫が必要である。また，遊びの指導の成果を各教科別の指導につながるようにすることや，諸活動に向き合う意

欲，学習面，生活面の基盤となるよう，計画的な指導を行うことが大切である。

　遊びの指導に当たっては，次のような点を考慮することが重要であるとされている。

(a) 子どもが積極的に遊ぼうとする環境を設定すること。

(b) 教員と子ども，子ども同士のかかわりを促すことができるよう，場の設定，教員の対応，遊具等を工夫すること。

(c) 身体活動が活発に展開できる遊びを多く取り入れるようにすること。

(d) 遊びをできる限り制限することなく，子どもの健康面や衛生面に配慮しつつ，安全に選べる場や遊具を設定すること。

(e) 自ら遊びに取り組むことが難しい子どもには，遊びを促したり，遊びに誘ったりして，いろいろな遊びが経験できるよう配慮して，遊びの楽しさを味わえるようにしていくこと。

③ 生活単元学習

　児童生徒が生活上の目標を達成したり，課題を解決したりするために，一連の活動を組織的・体系的に経験することによって，自立や社会参加のために必要な事柄を実際的・総合的に学習する。生活単元学習では，広範囲に各教科等の目標や内容が取り扱われ，児童生徒の学習活動は，実際の生活上の目標や課題に沿って指導目標や指導内容を組織することが大切である。

　生活単元学習の指導計画の作成に当たっては，以下のような点を考慮することが重要であるとされている。

(a) 単元は，実際の生活から発展し，子どもの知的障害の状態等や興味・関心などに応じたものであり，個人差の大きい集団にも適合するものであること。

(b) 単元は，必要な知識・技能の獲得とともに，生活上の望ましい習慣・態度の形成を図るものであり，身につけた内容が生活に生かされるものであること。

(c) 単元は，子どもが目標をもち，見通しをもって，単元の活動に積極的に取り組むものであり，目標意識や課題意識を育てる活動をも含んだものであること。

(d) 単元は，一人ひとりの子どもが力を発揮し，主体的に取り組むとともに，集団全体で単元の活動に共同して取り組めるものであること。

(e) 単元は各単元における子どもの目標あるいは課題の成就に必要かつ十分な活動で組織され，その一連の単元の活動は，子どもの自然な生活としてのまとまりのあるものであること。

(f) 単元は豊かな内容を含む活動で組織され，子どもがいろいろな単元を通して，多種多様な経験ができるよう計画されていること。

④ 作業学習

作業活動を学習活動の中心に据え，子どもの働く意欲を培い，将来の職業生活や社会自立に必要な事柄を総合的に学習するものである。作業学習の指導は中学部であれば職業・家庭科，高等部では職業科や家庭科などの目標及び内容が中心に扱われる。作業種については，農耕，園芸，紙工，木工，窯業，清掃など多種多様で，地域や産業界との連携を図りながら検討することが大切である。また，「産業現場等における実習」は，事業所など現実的な条件下で職業生活や社会生活への適応性を養うことを意図し，将来の職業生活を見据えて基盤となる力を伸長できるよう作業学習を発展させた学習活動として位置づけられている。

中学部・高等部における作業学習では，単に職業・家庭科の内容だけでなく，以下のような点を考慮するが重要である。

(a) 子どもにとって教育的価値の高い作業活動等を含み，それらの活動に取り組む喜びや完成の成就感が味わえること。

(b) 地域性に立脚した特色をもつとともに，原料・材料が入手しやすく，永続性のある作業種を選定すること。

(c) 子どもの実態に応じた段階的な指導ができるものであること。

(d) 知的障害の状態等が多様な子どもが，共同で取り組める作業活動を含んでいること。

(e) 作業内容や作業場所が安全で衛生的，健康的であり，作業量や作業の形態，実習期間などに適切な配慮がなされていること。

(f) 作業製品等の利用価値が高く，生産から消費への流れが理解されやすいものであること。

(3) 自立活動

自立活動とは児童生徒の学習や生活上の困難を改善克服するための教育領域で特別支援学校独自のものである。知的障害のある子どもは，全般的な知的発達の程度や適応行動の状態に比較して，言語，運動，動作，情緒等の特定の分野に，顕著な発達の遅れや特に配慮を必要とするさまざまな状態が随伴して見られる。例えば，言語が明瞭でなかったり，走り方がぎこちなかったり，衣服のボタンの掛け違い，はさみなどの道具の使用，情緒面では自信がもてず不安が多く自主的に行動することが少ないなどである。こうした学習や生活上の困難を改善克服する自立活動は，学びに向かう力の土台を築くものであり，一人ひとりの実態を的確にとらえ，乗り越える力をつける領域といえる。内容は，①人間関係の形成，②コミュニケーション，③環境の把握，④健康の保持，⑤身体の動き，⑥心理的な安定，の6つに大きく分類し，それぞれに下位項目が示され，一人ひとりの児童生徒の学習や生活上の課題に応じて学習内容を構成し相互に関連づけ，指導内容を個別の指導計画で明らかにして指導していく。

　自立活動の指導は時間割上に設定して指導することもできるし，教科等を合わせた指導の中で指導することも可能である。

　以上のことを踏まえ，教科別の指導，領域別の指導，各教科等を合わせた指導を児童生徒の実態や発達段階に応じてもっとも教育効果が期待できるようバランスよく配置し教育課程を編成していく。

　表3.4.1は指導形態別に週当たりの授業時数の全国平均を示したものである。

表3.4.1　教育課程の週当たりの時間数（全国平均）

指導形態	小2	小5	中2	高2
遊びの指導	2.3	1.3	0.1	0.1
日常生活の指導	11.9	11.8	8.9	5.5
生活単元学習	3.7	6.1	3.8	2.5
作業学習	0.1	0.1	3.8	7.2
合わせた指導以外	7.8	9.3	10.6	12.0

（出所）令和元年度全国特別支援学校長会資料

　遊びの指導は小学部低学年で取り扱われ，中高等部ではほとんど時間数をとっていない。日常生活の指導は一貫して行われ，学年が上がるにしたがい授業時数が減少していく。生活単元学習は小学部高学年をピークに中高等部では減少している。作業学習は中高等部で取り扱われ，高等部では多くの時間が充てられている。また，各教科別指導や領域別指導は学年が上がるにしたがって増加している。

　遊ぶことを学びとしながら基本的生活習慣を身につけ，生活に必要な知識・技能を高め，将来の自立と社会参加に向けて働く力を培う知的障害教育の基本を，この表からも理解することができる。

　なお，年間の総授業時数については，小中学部については，通常の小中学校に準ずることとされ，高等部については1,050単位時間を標準としている。

5．教科書について

　小学部・中学部用の教科書として，文部科学省の著作による「国語」「算数」「数学」「音楽」の教科書が作成され，基本的にこの著作本を使用する義務があるが，児童生徒の実態から適切ではない場合，また，それら以外の各教科および高等部の各教科については，文部科学省による著作本や検定教科書は発行されていない。

　そのため，法令に基づき，市販されている絵本などの一般図書が採択されており，教科書として使用することができる。

6．知的障害特別支援学級における指導

　知的障害特別支援学級は小中学校に設置されていることから，原則として小学校および中学校の学習指導要領に基づくことになるが，障害の状態等から，特別支援学校の学習指導要領を参考にし，特別な教育課程を編成することが認められている。したがって，特別支援学校と同様の教育内容を実施することができ，教科別指導のほか，各教科等を合わせた指導を取り入れて学習している場合がほとんどである。

　また，通常の学校に設置されていることから，日常的に通常学級の子どもと活動をともにする機会を設けることができ，集団生活への参加を促し，相互理解が深まるといった，大きな利点がある。

　特別支援学級で使用される教科書については，特別な教育課程が編成されていることから，当該学年の検定教科書を使用することが適当でない場合は，他の適切な教科書を使用することができ，原則として下学年用の検定教科書または特別支援学校用の文部科学省著作教科書を使用する。しかし，子どもの実態により，適切でない場合は，特別支援学校と同様に市販されている絵本などの一般図書が採択されており，教科書として使用することができる。

7．知的障害教育の今後の展望

　2017，19年改訂の学習指導要領では知的障害教育の一層の質の向上が求められており，その柱となるものが**カリキュラム・マネジメント**である。教師が何を教えたのかではなく，子どもが何を学び，どんな力が身についたのか，計画，実践，評価を適切に行い，子どもの成長や学習の目標を確実に達成していく仕組みづくりが求められているのである。また，各教科の内容が段階的，系統的，具体的に示されことは大変意義深く，特に各教科等を合わせた指導について，各教科の内容を習得し，目標を達成するための方法上の工夫であることを再認識し，先に単元あるいは活動があり，結果として教科の内容が教えられているというこれまでの考え方からの転換が必要であると考える。学習指導要領解説（総則編）にも「指導を担う教師が教育の内容と指導の形態とを混同し，結果として学習活動が優先され，各教科等の内容への意識が不十分な状態にならないようにしなければならない」とあるように，一人ひとりの実態把握から始まり，必要な各教科等の内容を抽出するとともに，適切な指導の形態を選択し，個々の子どもの学習評価に努めるサイクルの構築が必要と考える。　　　　　　　　　　　　　　［川村泰夫］

3.5 肢体不自由

障害の原因はさまざまで，その状態等も一人ひとり異なっている。学校教育で出会う肢体不自由の子どもの抱える複雑な心理に寄り添い，周囲との調和的な関係性の構築と，正しい自己認識が進む支援が重要である。

1. 障害の理解

(1) 肢体不自由とは

身体障害[*1] あるいは**肢体不自由**と聞くと，車椅子を使っている自力歩行が困難な人を思い浮かべるだろう。歩行が困難な場合は，**下肢**に障害があることが考えられる。その車椅子には自走用のハンドリム（駆動握り）が無く，介助者用のハンドルしかない場合には，**上肢**にも障害があると考えられる。さらに，車椅子の背もたれがリクライニングしていて，ヘッドレストに頭をもたれ，胸や胴を幅の広いベルトで支えている場合は，首が座らず，自力で上体を支えて座ることが困難な**体幹**機能障害であることが考えられる。このような四肢（手・腕，足・脚）や体幹（頭部から，上下肢の付け根まで，内臓を含まない）に障害がある状態を肢体不自由という。

この用語は，昭和の初め頃に整形外科医の高木憲次が，身体障害者に対する従来の差別的な呼び方を避け，適切な教育訓練によって社会自立を果たせる状態の児童の呼称として案出し，世界的にも同様の用語の変更が見られる中で普及してきたものである。

今日の教育における定義としては，文部科学省の教育支援資料には，「肢体不自由とは，身体の動きに関する器官が，病気やけがで損なわれ，歩行や筆記などの日常生活動作が困難な状態をいう」とされている。

福祉的な定義としては，身体障害者向け福祉サービスを受ける際に必要な身体障害者手帳にかかわる基準である身体障害者障害程度等級表（身体障害者福祉法施行規則別表第5号）があり，手帳の交付は6級以上の障害程度が対象となる。以下にその内の肢体不自由の部分の概要を示す。

前述の教育支援資料にある「歩行や筆記などの日常生活動作が困難」は，学校教育法施行規則にある特別支援学校の就学基準に沿った表現であるが，身体障害者福祉法における障害認定[*2]の等級からすると，この内容は上肢，下肢は2級に相当し，体幹，乳幼児期以前の非進行性の脳病変による運動機能障害は，3級に相当すると考えられる。**表3.5.1**からうかがわれる一般の身体障害者の領域に当たる範囲と比較して，特別支援学校に就学する子どもの障害の重さを想像して欲しい。

表3.5.2は，2006年の厚生労働省の調査による肢体不自由児の障害の

*1 単に身体障害といった場合には，身体障害者福祉法では，肢体不自由の他に，「視覚障害」「聴覚又は平衡機能の障害」「音声機能，言語機能又はそしゃく機能の障害」「心臓，じん臓又は呼吸器の機能の障害その他政令で定める障害」が含まれる。

*2 身体障害者福祉法は4条で同法でいう「身体障害者」を18歳以上としているが，身体障害者手帳の根拠となる同法15条では「身体に障害のある者」としていて，0歳から適用されている。申請には都道府県知事の定める医師の診断書が必要である。

表 3.5.1　身体障害者障害程度等級表 6 級（肢体不自由の部分）の概要

上肢	一上肢のおや指の機能の著しい障害，ひとさし指を含めて一上肢の二指を欠くか，その機能を全廃したもの
下肢	一下肢をリスフラン関節以上で欠く*3 もの，一下肢の足関節の機能の著しい障害
体幹	（6 級には項目なし）
乳幼児期以前の非進行性の脳病変による運動機能障害	不随意運動・失調等により上肢の機能の劣るもの，不随意運動・失調等により移動機能の劣るもの

（出所）身体障害者障害程度等級表から筆者作成

*3　足ゆびから，それに続く中足骨部を欠く状態。歩行等の不具合に加え，足の変形が生じやすくなる。

種類別の人数と割合を示したものである。この調査は，0 歳から 18 歳未満が対象であるので，学齢期の人数は，3 分の 2 の 3 万 3 千人程度と考えられる。文部科学省のデータによると，同じ年の特別支援学校（肢体不自由）（当時は養護学校）の在籍者数は 18,717 人，特別支援学級（肢体不自由）（当時は特殊学級）3,917 人となっているので，約 1 万人程度の肢体不自由のある児童生徒が，小学校，中学校，高等学校の通常の学級に在籍していると思われる。小中高等学校の児童生徒の総数からすれば，0.1％未満の割合ではあるが，千数百人に 1 人であれば，数十年の教職キャリアを考えれば，肢体になんらかの障害のある子どもに巡り合う可能性は十分にあるだろう。

障害の種類としては，上肢機能障害が最も多く，次いで脳原性全身性運動機能障害，全身性運動機能障害，（多肢及び体幹），体幹機能障害，下肢機能障害と続いている。

体幹機能障害や全身性の障害は，特別支援学校在籍者に多くみられるものであるが，居住地域で受け入れられる環境があった場合には，重度のケースでも通常の学級で教育を受ける場合がある。

表 3.5.2　障害の種類別にみた身体障害児数（肢体不自由）

障害の種類	人数	割合（％）
肢体不自由（全体）	50,100	100
上肢切断	300	0.6
上肢機能障害	11,800	23.6
下肢切断	900	1.8
下肢機能障害	7,100	14.2
体幹機能障害	8,400	16.8
脳原性全身性運動機能障害	11,400	22.8
全身性運動機能障害（多肢及び体幹）	10,200	20.4

（出所）厚生労働省（2008：8）を基に筆者作成

(2) 肢体不自由の起因疾患

肢体不自由の起因疾患については，身体障害の分類にある身体の部位を「欠く」形態の面では，先天性の**四肢欠損**と，生後，事故などによる**四肢切断**等がある。

機能障害の面では，中枢神経の損傷による脳性まひを主とした脳原性疾患があり，この場合，知能の発達の遅れやてんかん，言語障害など，種々の随伴障害を伴うことがある。中枢神経に含まれる脊髄の疾患として，二分脊椎等がある。

このほか，末梢神経の疾患による神経性筋萎縮があり，さらに筋疾患として，**進行性筋ジストロフィー**などがある。また，骨・関節の疾患として

外傷後遺症や**骨形成不全症**などがある。

　表3.5.3は，厚生労働省の身体障害児（肢体不自由）の原因疾患の調査結果である。脳性まひ以外では，その他の脳神経疾患，進行性筋萎縮性疾患がやや目立つものの，他の項目の割合は少なく，その他の割合が18％と，大変多様な原因によって肢体不自由となっていることが示されている。

　この厚生労働省の調査と調査年は異なるが，特別支援学校（肢体不自由教育）校長会の事務局調べでは，特別支援学校に在籍する児童生徒の4分の3が，脳性疾患による障害であることが把握されている。この調査結果と，**表3.5.2**，**表3.5.3**を合わせて考えると，小学校から高等学校までの通常の学級に在籍する肢体不自由のある子どもは，全身性の障害に至る脳性疾患の割合が特別支援学校よりは低く，上下肢のみの肢体不自由単一障害が多くを占めることが予想されるものの，脳性まひの割合が最も高い状況がかわることはない。

　厚生労働省の資料によると，「毎年3万3千人の子どもが事故により傷害を受け入院し，112万人の子どもが外来を受診するという試算がある」（厚生労働省 2010：1）ことから，小中学校段階において不慮の事故により死亡に至らないまでも**中途障害**で肢体不自由となる児童生徒が少なからずいることが推測されている。事故によっては，形態の面だけでなく，機能面の障害を後天的に負うケースがあること理解しておく必要がある。

表3.5.3　肢体不自由児の原因疾患

疾患名	人数	割合(%)
総数	50,100	100.0
脳性まひ	23,800	47.5
脊髄性小児まひ	300	0.6
脊髄損傷Ⅰ（対まひ）	600	1.2
脊髄損傷Ⅱ（四肢まひ）	600	1.2
進行性筋萎縮性疾患	1,500	3.0
脳血管障害	900	1.8
脳挫傷	300	0.6
その他の脳神経疾患	2,800	5.6
骨関節疾患	600	1.2
その他（上記以外）	9,000	18.0
不明（疾病名が明らかでないもの）	1,900	3.8
不詳	7,700	15.4

（出所）厚生労働省（2008：20）を基に筆者作成

（3）起因疾患への対応

　脳性疾患の場合は，脳の障害部位によって，病型があり，それぞれに随伴する言語障害，てんかん，視覚障害等を的確に把握する必要がある。

　二分脊椎の場合，尿路感染の予防のために排泄指導，清潔の保持，水分の補給および定期的に検尿を行うことに関する指導をするとともに，長時間同じ座位をとることにより褥瘡ができることがあるので，定期的に姿勢変換を行うよう指導する必要がある。

　筋ジストロフィーの場合には，呼吸機能訓練などの全身管理の他に，こころのケアが不可欠である。

　上下肢切断・欠損によって義肢を装着している場合，子ども自身で義肢を装着している部分を清潔に保ったり，義肢を適切に管理したりすることができるようにする必要がある。

　骨形成不全症は骨折しやすく，乳幼児期から自家筋力によっても骨折を繰り返す。医師の指導を踏まえながら，立位をとることなど骨への荷重・外力により骨を強くすることが大切である。

　頭部外傷後遺症では運動障害に加え，**高次脳機能障害**[*4]が見られるこ

*4　脳損傷により統合的な機能が阻害され，失語，失行，失認，記憶障害などの症状がある。

とがあり，運動面だけではなく環境の把握（認知）・コミュニケーション・人間関係・心理的な安定等の多面的な観点から長期にわたっての専門的介入や日常的なケアが必要である。

　肢体不自由の起因疾患はこれらのように，大変に多様で，一人ひとりの実態に応じて医療と連携した対応が必要である。

(4) 認知・心理的特性

　肢体不自由のある児童生徒の場合，身体の動きの制限等により，上下，前後，左右，遠近等の空間概念の形成に弱さが見られ，自分と対象の位置関係を理解することに困難を示すことがある。また，上肢操作や手指動作のぎこちなさの他に，見えにくさや聞こえにくさなどを有していることがあり，ものの機能や属性，形，色，音を分類する基礎的な概念の形成を図ることが難しいことがある。

　また，脳性まひを含めて中枢神経に障害があると，**転導性**（注意が特定の対象に集中できず，周囲の刺激に無選択的に反応してしまう傾向），**多動性**（運動・動作を抑制することが困難な傾向），**統合困難**（部分を全体的なまとまりに構成したり，関係付けたりすることが困難な傾向），**固執性**（一つの物事にこだわったり，気持ちを切り替えたりすることが難しい傾向）などの行動傾向が観察されることがある。

　さらに，経験が乏しいことから自分の能力を十分理解できていなかったり，介助に慣れてしまい自分から取り組む意欲が減退していたりして，対人関係上の課題などを抱えることもある。

　これらの特性は，個々の疾患や障害の状態が大変多様であるため，個人差が大きく，一人ひとりの実態を的確に把握する必要があることに留意する必要がある。

　事故や疾病の後遺症で，中途障害となった場合も含め，障害を理解し，自己を確立し（自己理解，自己管理，自己肯定感等），障害による学習上または生活上の困難を改善・克服する意欲を高めるための支援が重要である。

2．肢体不自由のある子どもの教育

　肢体不自由のある子どもの教育の場としては他の障害種別と同様に，通常の学級，通級による指導，特別支援学級，特別支援学校がある。特別な教育の場ごとの学校・学級数，児童生徒数は，**表 3.5.4** のとおりである。

　肢体不自由教育に対応する特別支援学校の割合は 3 割程度であるが，特別支援学級は学級数で 5.0 %，児童生徒数で 1.9 %，通級による指導は児童生徒数で 0.1 % と大変稀な存在となっている。

　特別支援学校や特別支援学級の対象となる程度の障害があっても特別な場であるそれらの学校・学級ではなく，居住地域の学校の通常の学級に通学する例もある（義務教育段階のすべての障害の合計で約 2 千人）。また，歩

表 3.5.4 肢体不自由のある子どもの特別な教育の場の数，児童生徒数と場ごとの割合

学校等の種別	学校又は学級数，児童生徒数	学校等の種別ごとに占める割合	
		学級・学校数	児童生徒数
通級による指導	小学校 100 人　　中学校 24 人	（データなし）	0.1%
特別支援学級	小学校 2,244 学級 3,418 人 中学校 790 学級 1,090 人	5.0%	1.9%
特別支援学校	350 校 31,813 人（幼小中高計）	30.8%	22.4%

（出所）文部科学省（2018e）より筆者作成

行や筆記の困難の程度がわずかな四肢や指の欠損などや，事故などによる中途障害で通常の学級に在籍する子どももおり，学習上や生活上における**合理的配慮**の提供が学校に求められている。

(1) 通常の学級における指導

　上肢や下肢の動きに困難がある場合は，移動や日常生活動作（排泄や着替え）等に支援が必要なことが多い。移動や日常生活動作の支援のためには介助員をつけたり，施設・設備を改善したりといった対応とともに，教室配置を工夫して移動の困難さを軽減することや，既存の設備を改善して使いやすくするような工夫の必要性もある。

　学習に当たっては，動作面，認知・心理面の特性に配慮し，他の子どもと同じ学習を行えるように支援する方法や，機器の使用を検討する必要がある。その一方で，障害特性に応じた特別な支援による指導によって，障害当事者本人が，かえって心理的な負担を負うことが無いような学級の人間関係作りや特別な支援や課題を主体的に選択できるような配慮が重要である。

　このような配慮を行ったとしても，発達段階に応じて障害の受容にかかわる心理的な問題を抱えがちであり，子どもが安心して相談できるような状況づくりについて，十分に考慮しておきたい。

　前述のように，小中学校に肢体不自由に対応した通級や特別支援学級が少ないことから，肢体不自由による教育的ニーズに対応した指導を通常の学級で行うためには，特別支援学校のセンター的機能の活用が重要である。個別の教育支援計画，個別の指導計画の作成に当たって実態把握の支援や教材・教具の貸し出しを利用するなど，効果的に活用して欲しい。

　進路指導の面では，就学時には居住地の通常の学級に在籍したが，障害の状態等を考慮して，特別支援学級や特別支援学校に転籍・転校する場合がある。この場合には，本人の理解と選択に十分な配慮が必要である。反対に，特別支援学校に在籍していて，学習集団が少人数であるなどの特殊な環境を避ける意味や上級学校への進学に向け，特別支援学校から，中学校，高等学校に進路を選択する事例もある。受け入れる通常の学級の側では，車椅子での移動ができるなどの物理的な環境の整備と同様に，上下肢に変形や欠損があったり，趾（あしゆび）で筆記したりする子どもが，安

心して学校生活を送れるよう，望ましい集団作りに配慮する必要がある。特別支援学校の中学部から通常の高等学校に進学を果たしたものの，健康の保持や対人関係等の問題から，特別支援学校に再入学する場合もある。その時々の教育ニーズに的確に対応できるよう個別の教育支援計画にかかわる支援会議などを通じて，出身校の教員との連携を密にするように努めることが大切である。

(2) 特別な教育の場による指導

　肢体不自由のある子どもの特別な教育の場ごとの対象となる障害の程度については，**表 3.5.5** のようになっている。以下，場ごとに概説する。

表 3.5.5　関係法令・通知[*5] による特別な教育の場ごとの対象となる障害の程度

場	障害の程度
通級による指導	肢体不自由の程度が，通常の学級での学習におおむね参加でき，一部特別な指導を必要とする程度のもの
特別支援学級	補装具[*6] によっても歩行や筆記等日常生活における基本的な動作に軽度の困難がある程度のもの
特別支援学校	一　肢体不自由の状態が補装具によっても歩行，筆記等日常生活における基本的な動作が不可能又は困難な程度のもの。 二　肢体不自由の状態が前号に掲げる程度に達しないもののうち，常時の医学的観察指導を必要とする程度のもの。

(出所) 関係法令・通知より筆者作成

① 通級による指導

　通常の学級での学習におおむね参加でき，留意して指導することが適切と考えられる軽度な障害がある肢体不自由のある子どものうち，運動・動作の状態や感覚・認知機能の改善・向上を図るための特別な指導が一部必要な子どもが通級による指導の対象となっている。

　前項で取り上げたように，小学校，中学校，高等学校には合わせて 1 万を超える肢体不自由のある子どもが在籍していると考えられるが，**表 3.5.4** に示すように，肢体不自由を対象にした通級による指導は，極めて少数しか行われていない[*7]。通常の学級に通える障害の程度であるから，身体の動きなどにかかわる自立活動に関する指導を必要としないケースもあると思われるが，健康の保持や心理的な安定，環境の把握等にかかわる自立活動の指導が必要な場合もあることが考えられる。心理面や認知面など発達障害関連の障害の通級による指導で代替できる場合もあろうが，肢体不自由のある子どもにとって必要な指導が行える環境の整備が待たれるところである。

② 特別支援学級 (肢体不自由)

　特別支援学級 (肢体不自由) には，筆記や歩行等の動作が可能でも，その速度や正確さ，持続性の点で，学習活動，移動等に多少の困難が見られ，小中学校の通常の学級での学習が難しい程度の子どもが就学している。また，特別支援学校の対象となる程度の障害があっても，通学にかかる時間

*5　通級による指導，特別支援学級は，「障害のある児童生徒等に対する早期からの一貫した支援について (通知)」(2013 (平成 25) 年 10 月 4 日付 25 文科初第 756 号初等中等教育局長)，特別支援学校は，「学校教育法施行令第 22 条の 3」による。

*6　障害者総合支援法，身体障害者福祉法の用語。補具 (義肢) と装具 (支柱のある靴やコルセットなどの支持・補助・予防・矯正の目的で装着する補助具) の合成語。義肢，装具の他，車椅子，電動車椅子，歩行器，歩行補助つえ，座位保持椅子，起立保持具，頭部保持具，排便補助具などがある。

*7　「特別支援教育資料 (平成 29 年度)」によると，通級形態別児童生徒数では，小学校 100 名中 71 名が，中学校 24 名中 19 名が特別支援学校の教員による巡回指導を受けており，通級指導教室設置数は，小学校 3 校，中学校 0 校，特別支援学校 6 校にとどまっている。

等の関係で，特別支援学級に就学している例もある。

　この障害の状態等を踏まえて，特別支援学級（肢体不自由）の教育課程は，各教科，道徳，外国語活動，特別活動および総合的な学習の時間の指導の他に，運動・動作や認知能力などの向上をめざした自立活動も含めて編成されている。

　指導に当たっては，個人差を考慮した個別指導やグループ指導といった授業形態を取り入れたり，教材・教具の開発・工夫を行ったりするなどの配慮が行われている。さらに，児童生徒の障害の状態や学習状況等に応じて，通常の学級と交流及び共同学習を行い，教科学習を効果的に進めたり，社会性や集団への参加能力を高めたりするための指導も行っている。

③ 特別支援学校（肢体不自由）

　特別支援学校（肢体不自由）には，多くの場合，小学部，中学部および高等部[*8]が設置され，一貫した教育が行われている。肢体不自由教育に対応する学校の3分の2は，他の障害種別にも対応している。また，学校が施設入所児の教育保障の観点で設置が進められてきた経緯があったことから，医療型障害児入所施設等と併設または隣接している場合も少なくない。

　教育課程編成は，特別支援学級と同様のものに加え，重複障害の子どもに対応した，知的障害特別支援学校の各教科に代替した教育課程や自立活動を主とした教育課程を編成して，子ども一人ひとりに応じた指導の充実に努めている。授業形態，教材等についても，さまざまな工夫を行っている。さらに，多くの学校で，訪問教育の課程を設けて障害等を理由に通学が困難な子どもの家庭や病院・施設において指導を行っている。

　特別支援学校学習指導要領には，各教科の指導計画の作成と内容の取扱いに当たっての障害別の配慮事項が示されており，肢体不自由の項では，①「思考力，判断力，表現力等」の育成，②指導内容の設定等，③姿勢や認知の特性に応じた指導の工夫，④補助具や補助的手段，コンピュータ等の活用，⑤自立活動の時間における指導との関連等を示している。障害特性に対応するうえで重要な視点であり，次項の「**合理的配慮**」とともに，通常の学級等の指導においても，これらを参考にしていくことが大切である。

3．指導上求められる合理的な配慮

　障害者の権利に関する条約が示す「**障害者を包容する教育制度**（インクルーシブ教育システム）」等に関連して，学校には「個人に必要とされる合理的配慮が提供されること」が求められている。これに対応するものとして，教育支援資料では，**表3.5.6** のように示している（教育内容・方法の項のみ掲出）。

*8　幼稚部がある学校は，2017年現在 21 校となっている。

表 3.5.6　肢体不自由教育における合理的配慮の観点（抜粋）

教育内容	学習上又は生活上の困難を改善・克服するための配慮	道具の操作の困難や移動上の制約等を改善できるように指導を行う。（片手で使うことができる道具の効果的な活用，校内の移動しにくい場所の移動方法について考えること及び実際の移動の支援等）
	学習内容の変更・調整	上肢の不自由により時間がかかることや活動が困難な場合の学習内容の変更・調整を行う。（書く時間の延長，書いたり計算したりする量の軽減，体育等での運動の内容を変更等）
教育方法	情報・コミュニケーション及び教材の配慮	書字や計算が困難な子どもに対し上肢の機能に応じた教材や機器を提供する。（書字の能力に応じたプリント，計算ドリルの学習にパソコンを使用，話し言葉が不自由な子どもにはコミュニケーションを支援する機器（文字盤や音声出力型の機器等）の活用等）
	学習機会や体験の確保	経験の不足から理解しにくいことや移動の困難さから参加が難しい活動については，一緒に参加することができる手段等を講じる。（新しい単元に入る前に新出の語句や未経験と思われる活動のリストを示し予習できるようにする，車いす使用の子どもが栽培活動に参加できるよう高い位置に花壇を作る等）
	心理面・健康面の配慮	下肢の不自由による転倒のしやすさ，車いす使用に伴う健康上の問題等を踏まえた支援を行う。（体育の時間における膝や肘のサポーターの使用，長距離の移動時の介助者の確保，車いす使用時に必要な１日数回の姿勢の変換及びそのためのスペースの確保等）

（出所）文部科学省（2013）より筆者作成

　このほか，支援体制，施設・設備についても併せて示されている。一人ひとりの障害の状態によって求められるものは変わるが，学校教育が社会的障壁とならないように努めるとともに，子どもの主体的な学びにつながる取り組みとして合理的配慮の提供に留意していきたい。　　　［杉本久吉］

3.6 病弱・身体虚弱

　人は誰もが病気にかかる可能性があり，学齢期の子どもたちも例外ではない。病気療養中は病気の治療が優先され，教育が受けられないことがある。

　しかし，病気療養中であっても，教育と医療が連携し合いながら，病弱・身体虚弱の子どもの個々の病状に合わせた教育環境を整備し，適切な教育を保障することは重要である。

　ここでは，病弱・身体虚弱の子どもの抱える課題や教育の意義，指導方法などについて，基本的な内容を中心に取り上げる。

1．病弱・身体虚弱とは

　病弱・身体虚弱とは，病弱と身体虚弱とをひとまとめにして表した用語であり，医学的な用語ではなく一般的な用語である。

　病弱とは，心身の病気にかかっているために現に弱っている状態を表しており，学校教育ではこのような状態が継続的または繰り返し起こり，医療や生活規制（生活管理）を必要とする場合に用いられる。例えば，風邪を引いて数日間発熱が続いたとしても，この場合の病気は一時的なのものであるため病弱にはあたらない。

　身体虚弱とは，これといった病気はないが，身体の不調が続く，病気に対する抵抗力が弱いといった状態を表しており，学校教育ではこのような状態が継続または繰り返し起こり，生活規制が必要な場合に用いられる。

　ここでの**医療**とは，病院に入院している期間だけを指すのではなく，在宅療養や通院による治療も含めた，幅広いものである。したがって，病弱・身体虚弱の子どもの中には，在宅で療養を続けている子どもや小・中学校に通いながら定期的に通院治療をしている子どもも含まれている。

　また，ここでの**生活規制**とは，単に食事制限や運動制限など，病気療養のために必要な生活上の規制だけでなく，生活上留意すべきこと全般を指している。例えば，健康状態の維持・改善のために必要な散歩などの軽い運動や食後の安静時間，服薬の自己管理など，病気療養に必要な生活管理も含まれる。

　学校教育法第 72 条[*1] には，特別支援学校の対象者として「病弱者（身体虚弱者を含む。以下同じ。）」が示されている。病弱の子どものことを**病弱児**というが，病弱児とは身体虚弱の子どもを含んでいる用語である。また，病弱児に対して行われる教育のことを**病弱教育**という。

＊1　学校教育法第 72 条
「特別支援学校は，視覚障害者，聴覚障害者，知的障害者，肢体不自由者又は病弱者（身体虚弱者を含む。以下同じ。）に対して，幼稚園，小学校，中学校又は高等学校に準ずる教育を施すとともに，障害による学習上又は生活上の困難を克服し自立を図るために必要な知識技能を授けることを目的とする。」

2．病弱教育の場

　中央教育審議会初等中等教育分科会（2012）は，「共生社会の形成に向けたインクルーシブ教育システム構築のための特別支援教育の推進（報告）」をまとめた。この中で，個々の子どもの教育的ニーズに合わせて，「多様な学びの場」が必要であること，そして，それぞれの学びの場を「連続性」のあるものにしていくことが提言された。病弱教育においても，病気や障害の程度に応じて，連続性のある多様な学びの場を整備していくことが重要である。

　病弱教育は，特別支援学校（病弱），小・中学校の病弱・身体虚弱特別支援学級や通級による指導（病弱・身体虚弱）だけでなく，他の障害種の特別支援学校や通常の学級でも行われている。入院時に通える特別支援学校（病弱）等がない場合や，退院後も自宅療養が必要で学校に通うことができない場合には，特別支援学校から教員が病室や自宅に訪問して教育を行う，訪問教育を行っている。

　最近では，医療の進歩によって2週間未満の短期入院を何度も繰り返すことがある。入院期間が短いと，病院内に特別支援学校（病弱）等があっても転校できず，入院期間中は教育を受けられないことがある。

　さらに，病院の中にある特別支援学校（病弱）等は，小・中学校段階までの場合が多く，地域によっては高等学校段階になると教育の場がなくなることがある。今後，高等学校段階の入院生徒に対する教育保障について検討し，学びの場を整備していくことが課題となっている。

3．病弱・身体虚弱の子どもの困難さ

（1）困難さの特徴

　近年，特別支援学校（病弱）に在籍する子どもの病気の種類が変わってきており，精神的な病気が増加傾向にある（日下 2015）。このように，子どもの病気は，身体的な病気だけでなく精神的な病気もあり，病気の種類だけでもとても数が多い。そのうえ，同じ病気の診断がなされても，病気の症状や生活管理の内容は一人ひとり違っているのが通常である。つまり，病弱・身体虚弱の子どもの困難さは，**個人差が大きい**のが特徴である。したがって，適切な教育に結びつけるためには，個々の実態を把握することが大切であり，病名を知っているだけでは不十分である。

　例えば，朝元気に学校に登校しても，昼には体調が悪化し，ベッドに横になって安静に過ごすことが必要な場合がある。1日を通して子どもの体調変化に留意しなければいけない。病弱教育に関わる教員には，子どもの体調変化を見逃さず，必要な支援を行うことが求められる。

　病弱・身体虚弱の子どもの困難さについて理解するためには，病名やこれまでの経験だけに縛られないことが大切である。病弱・身体虚弱の子ど

もの実態は多様であり，教育的ニーズも多岐にわたる。個々の子どもに目を向け，具体的に実態を把握することが，病弱・身体虚弱の子どもの困難さについて理解する最初の一歩になる。

(2) 学習上の困難さ

長期間の入院または短期間で頻回な入院等により，教育を受ける機会が失われ，必要な学習内容の一部が学べず抜け落ちることがある。このような状態を**学習空白**という。学習空白があると学習した内容が断片的になりやすく，病気回復後に元の学校に戻っても，十分に学習内容が理解できずに学業不振につながることがある。

病気療養中は治療を優先して生活規制を必要とすることから，学習場所や学習時間，学習内容等に何らかの制約を受けることが多い。例えば，社会科の見学，理科の実験，体育科の実技等，体験的な学習が不足しやすい。

また，特別支援学校（病弱）や病弱・身体虚弱特別支援学級では，子どもの数が少ないため集団の確保が難しく，同年代の友達とのコミュニケーションの機会や，話し合い活動など集団の中で学び合う経験が不足しがちである。集団経験の不足から，どのように自分の考えを表現したらいいのかがわからなかったり，場面に応じた対応を想像できなかったりすることがある。

このような学習上の困難さによって「できない」「わからない」場面が増えることで，学習意欲が低下したり，学習の遅れに対する不安や進路への焦りを抱えたりすることがある。学習上の困難さは，病弱・身体虚弱の子どもの学習面への影響だけでなく，社会性や心理面にも大きな影響を及ぼす。

(3) 生活上の困難さ

家族や友人と離れて入院する孤独感，病気や治療への不安，外で遊べない不満，外見上の変化への悩み等，さまざまな思いを抱え込み，心理的に不安定になりやすい。退院後も食事制限や運動制限へのストレス，友達関係の悩み，病気再発への不安等を抱えることがある。病弱・身体虚弱の子どもは，病気療養のためにさまざまな生活規制が必要であることから，ネガティブな気持ちになりやすい。しかし，自分の気持ちを整理できなかったり，気持ちを伝えることをためらったりすることで，周囲からは一見するとわからないことがある。このため，周囲の大人は，何らかの心理的な困難さを抱えている可能性があることを知っておくことが大切である。

また，病弱・身体虚弱の子どもは，公共の場に出かけることが少なくなるなど，日常生活上のさまざまな体験が不足しやすい。体験が不足すると，語彙が少なくなりやすく，言葉の意味が想像できず，相手が話している内容が理解しにくい等，コミュニケーションの困難さがみられる場合がある。

　乳幼児期から入退院を繰り返している場合には，遊びの中で体を動かす体験が不足しやすく，例えば走る際の身体の動きがぎこちなくなる等，運動発達の面でも影響を受けることがある。

4．病弱教育の意義

　病気療養児の教育に関する調査研究協力者会議 (1994) は，「病気療養児の教育について (審議のまとめ)」の中で，病弱教育の意義を以下のようにまとめている。

　病気療養児は，長期，短期，頻回の入院等による学習空白によって，学習に遅れが生じたり，回復後においては学業不振となることも多く，病気療養児に対する教育は，このような学習の遅れなどを補完し，学力を補償する上で，もとより重要な意義を有するものであるが，その他に，一般に次のような点についての意義があると考えられていることに留意する必要がある。

(一) 積極性・自主性・社会性の涵養

　病気療養児は，長期にわたる療養経験から，積極性，自主性，社会性が乏しくなりやすい等の傾向も見られる。このような傾向を防ぎ，健全な成長を促す上でも，病気療養児の教育は重要である。

(二) 心理的安定への寄与

　病気療養児は，病気への不安や家族，友人と離れた孤独感などから，心理的に不安定な状態に陥り易く，健康回復への意欲を減退させている場合が多い。病気療養児に対して教育を行うことは，このような児童生徒に生きがいを与え，心理的な安定をもたらし，健康回復への意欲を育てることにつながると考えられる。

(三) 病気に対する自己管理能力

　病気療養児の教育は，病気の状態等に配慮しつつ，病気を改善・克服するための知識，技能，態度及び習慣や意欲を培い，病気に対する自己管理能力を育てていくことに有用なものである。

(四) 治療上の効果等

　医師，看護婦等の医療関係者の中には，経験的に，学校教育を受けている病気療養児の方が，治療上の効果があがり，退院後の適応もよく，また，再発の頻度も少なく，病気療養児の教育が，健康の回復やその後の生活に大きく寄与することを指摘する者も多い。また，教育の実施は，病気療養児の療養生活環境の質 (QOL (クオリティ・オブ・ライフ)) の向上にも資するものである。

　このように，病気療養中であっても教育の果たす役割は大きい。病弱教育の意義を理解し，病気療養中であることを理由に教育の機会が失われることがないようにしていくことが重要である。

5．学習指導

　病弱・身体虚弱の子どもへの学習指導は，個々の子どもの学習状況や病気の状態に合わせて個別に計画する必要がある。病気療養のために学習空白がある場合には，何をどこまで理解しているのかを**前籍校** (転校前の学

校) と連携しながら確認し，学習のつまずきがあれば下学年の内容に戻って指導することがある。病弱・身体虚弱の子どもは，病気の治療サイクルによって学習の場が変わることから，入院直後から前籍校と連絡調整を密に行い，学習進度を合わせておくことで**復学**（転校前の学校に戻る）後を見通した取り組みが行われている。ただし，過度に学習内容を詰め込むようなことがないように配慮する必要がある。治療のために授業時数に制約がある場合には，指導内容を適切に精選し，基礎的・基本的な内容を中心に各教科等を相互に関連づけた指導を行う等の工夫が重要である。

一方で，病気を理由にできる活動まで過度に制限することがないようにしなければならない。病弱・身体虚弱の子どもの運動制限については，公益財団法人日本学校保健会が作成している「学校生活管理指導表」[*2]を活用し，医師の判断を確認することが有効である。この医師の判断に従って，学校教育ではどの範囲まで学習活動ができるのかを決めるようにする。

体育等の実技を伴う学習活動では，医師が判断した身体活動の制限をもとに，安全と安心を第一に考え，指導内容を決めることになる。例えば，バレーボールの代わりに風船を用いる風船バレーにすることで，ボールの強い衝撃や他者との身体接触による危険性を減らしつつ運動ができる。このように，病気の状態に合わせて教材・教具を工夫することが病弱教育では行われている。

病気のため，姿勢の保持や長時間の学習活動が困難な場合には，長時間座り続けなくても学習ができるように教室にベッドを置き，休養を交えながら学習をする等，学習時の姿勢や学習環境に配慮することが大切である。

身体活動の制限以外にも，さまざまな生活規制があることから，病気の状態に合わせた個別の対応については，保護者や医療関係者との日頃からの連携だけでなく，学校内での情報共有を重視し，どの教員が対応しても一貫した指導が行えるように，学校全体で共通理解されることが必要である。

先述したように，病弱・身体虚弱の子どもは社会科の見学，理科の実験等，体験的な学習が不足しやすい。最近では，情報通信技術（Information and Communication Technology：以下 ICT）が進歩したことで，校外学習の際に 360 度カメラで撮影し，当日参加できなかった子どもが後日疑似体験したり，同時双方向通信ができる Web 会議システムを使用して，学校から直接遠隔地である校外学習先の方に質問したりするなど，ICT 機器を使用することで体験不足を補うことができるようになってきた。

また，理科の実験が病院内では難しい場合にも，ICT 機器を活用して実験映像を視聴したり，他校の理科室と Web 会議システムでつなぎ，実験を行う場に遠隔授業で参加したりすることができる。病弱・身体虚弱の

＊2　学校生活管理指導表
学校生活管理指導表は，下記 Web サイト（QR コードにてリンク）からダウンロードできる。

公益財団法人日本学校保健会「学校生活管理指導表」
(2020.3.10 最終閲覧)

図 3.6.1　病弱・身体虚弱の子どもを支援する遠隔教育
（出所）文部科学省（2019b：4）

子どもは，学級に在籍する同学年の人数が少ないために，集団で話し合い，考えを深める活動の経験が不足しやすい。ICT 機器を使用することで，集団参加を経験できるようになる。

　今後，病弱教育では，病気による空間的，時間的制約を解消していく一つの手段として，教育の情報化を進めていくことが望ましい。

6．自立活動の指導

　自立活動の内容は，「健康の保持」「心理的な安定」「人間関係の形成」「環境の把握」「身体の動き」「コミュニケーション」の６区分 27 項目から構成されており，この中から子どもの病気や障害の状態に合わせて，必要とされる項目を選び，相互に関連づけながら指導していく。

　病弱・身体虚弱の子どもたちは，病気療養のために何らかの生活規制が必要であることが多いため，自立活動の指導においても健康面への指導は欠かすことができない。

　例えば，手洗いは感染症予防に大変重要である。日常からの手洗い指導だけでなく，外部専門家である医療関係者が講師になり専門的な学習を行うことがある。手に薬用ローションを塗って，専用の機器に手を入れると洗い残し部分が光ってわかることを確認し，その後実際に手洗いを行って洗い残しがないか確認する。このように，本来は目には見えない汚れや菌を視覚化することで，手洗いの意識や技能を高める取り組みを行っている。

　また，自分の病状や治療について理解し，生活規制を守ることは，健康を維持，増進していくために重要である。その際，友達ができることと自分ができることの違いを，子どもたちが自ら理解しておく必要がある。子どもたちが自分の身体活動の制限についてわかるように，例えば色で身体活動の制限区分を分け，自分がどの色になるのか，どの活動がどの色になるのかを友達と話し合うことで，自分の身体活動の制限について理解を深め，健康の維持，増進につなげていく。

　つまり，病弱教育における健康面への指導では，「感染症予防」や「運動制限」の必要性についての一般的な理解に留まらず，子どもたちが病状

を**自己理解**，**自己管理**できるように，具体的に学べる工夫が大切である。

　また，病気によるストレス等，心理的に不安定になりやすく，心理的な安定に関する指導についても重要である。このため，病弱教育を担当する教員は，外部専門家とも連携しながら心理面への理解を深め，心理的安定への指導を行うことが必要である。病弱・身体虚弱の子どもの中には，否定的な心理状態から「できないこと」に目が向きがちなことがある。その際に教員は，話をよく聴き，受け入れる受容的な関わりを通して，子どもの気持ちを理解することが基本になる。

　例えば，お楽しみ会を行うなど，子どもの気持ちに寄り添いながら，子どもの興味関心がある活動内容を設定することが考えられる。「いつもできない」「すべてできない」と過度に考えがちな場合には，「できる」ことがすでにあることに目を向けさせるように指導する。例えば，興味関心がある活動内容を設定する際に，「できる」選択肢を複数準備し，**自己選択**，**自己決定**できるようにしていくことで，心理的安定が図られていく。子どもが自分で選んで決めたことができた経験や達成感を感じられるように，教員は成功への支援をしていくことが大切である。

　また，集団参加の経験が不足していることから，社会性についても自立活動の指導を通して，意図的に育んでいく必要がある。最近では，発達障害の二次障害から心の病気にかかる子どもも増えており，対人関係について学べるように，自立活動の指導にソーシャルスキルトレーニングの理論と技法を取り入れた取り組みも行われている。

　病弱・身体虚弱の子どもの困難さは，個人差が大きいことから，病状や障害に応じた個別の目標を明確にし，実践を通して目標達成に向けた取り組みとなっているのかを確認し，よりよい取り組みに変えていく必要がある。

7. 支援体制の整備

　病弱・身体虚弱の子どもたちの安全と安心を守りながら，教育を行うためには，校内体制の整備が重要になってくる。その際に，学級担任だけで取り組むのではなく，保護者や他の教職員との情報共有が重要になってくる。特に，緊急時の対応については，校内マニュアルを事前に作成しておくことや緊急時搬送訓練を行っておくことなど，日常的な備えが必要である。

　また，保護者，管理職，他の教員，養護教諭，栄養教諭，学校医，スクールカウンセラー，スクールソーシャルワーカーなどがチームになり，必要に応じて校内支援会を開く等して，多職種で情報を共有し，連携を深めていくことが重要である。

　主治医等の医療機関との連携においては，転入学時に学校でどのような

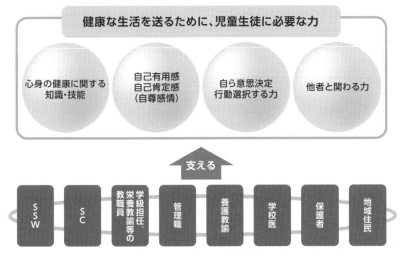

図 3.6.2　児童生徒の心身の健康の保持増進に向けた取り組み
（出所）文部科学省（2017d：2）

生活規制が必要であるのかを確認する必要がある。食事制限や運動制限など，医療上の何らかの規制を伴う場合には，医師からの指示に従うことが重要である。また，校内システムとして学期に一度は主治医と面談を行う等，定期的な情報交換が必要である。

　学級担任が学校の内外から多くの支援を受けることが，病弱教育を充実させ，教員や学校の専門性を高めることにつながっていく。　　［吉井紀文］

極めて重い障害を複数有していながら，保護者や施設職員らの献身的な支援のもと，明るく，個性的な自己実現をしている子どもたちがいる。その子どもたちとの出会いには，多くの学びがある。

1．重度・重複障害とは

　重度障害を理由にした**就学猶予・免除**が原則的になくなったのは，1979（昭和54）年の**養護学校義務制**の実施によるものである。この養護学校義務制に向けて，1968（昭和43）年ころから日本各地で，心身の障害の状態が**重度**であるかまたは**重複**していて養護学校等に通学して教育を受けることが困難な児童生徒に対する訪問教育が試みられ，その実態が把握されるようになった。

　1975年，文部省（当時）の調査報告書において，特別支援学校（当時は養護学校）の就学基準に2つ以上該当する重複障害児に加え，「精神発達の遅れが著しく，ほとんど言語を持たず，自他の意思の交換及び環境への適応が著しく困難であって，日常生活において常時介護を必要とする程度」という重度・重複障害の定義[*1]が示された。また，その子どもの教育の在り方として，重度・重複障害学級の増設，訪問教育での対応，専門教員の養成等が報告された。以来，特別支援教育において，障害の重度・重複化への対応は，多様化と合わせて継続した課題となっている。

　文部科学省の調査によれば，学校教育法施行令第22条の3に規定する障害を2つ以上併せ有する児童生徒数の統計は1972（昭和47）年から記録され，2017年では，肢体不自由校では89.1％，病弱校では87.8％となっている（**表3.7.1**）。この数のすべてが，上記の重度・重複障害児に該当するわけではないが，肢体不自由校，病弱校には，**医療的ケア**[*2]を必要とするなど重い障害を複数併せ有する子どもが多く在籍している実態がある。

*1　「重度・重複障害児に対する学校教育の在り方について（報告）」（文部省1975）では，引用した発達的側面の部分に続けて，行動的側面として「破壊的行動，多動傾向，異常な習慣，自傷行為，自閉性，その他の問題行動が著しく，常時介護を必要とする程度」を示している。

*2　医療的ケア：保護者が医師の指導の下，家庭で行っている医療的行為。その内，幼児児童生徒の口鼻腔内や気管切開口に装着したカニューレ内の痰の吸引と鼻腔留置カテーテル（管）や胃ろう（食物や水分や医薬品を流入させ投与するため皮膚と胃に作成したろう孔にチューブを留置したもの）経由の栄養注入は，厚生労働省が示した研修を修了した教員が，指導医の指導と看護師との連携の下，学校内で行っている。人工呼吸器の管理など，保護者に依らねば扱えないものもある。

表 3.7.1　障害種別重複障害学級在籍児童生徒数および割合（2017年）

区分	計	視覚障害	聴覚障害	知的障害	肢体不自由	病弱
計（人）	141,944	5,317	8,269	128,912	3,1813	19,435
単一障害（人）	103,711	1,992	4,805	91,082	3,465	2,367
重複障害（人）	38,233	3,325	3,464	37,830	28,348	17,068
重複障害の割合	26.9%	62.5%	41.9%	29.3%	89.1%	87.8%

（出所）文部科学省（2018e）「特別支援教育資料（平成29年度）」，2　特別支援学校の現状，（6）特別支援学校（学級設置基準）障害種別学級数及び在籍者数－国・公・私立計－等より筆者作成

2．重度・重複障害教育の実態と課題

以下は，1974（昭和 49）年当時の実践事例からの引用である。

　　○男は，**異常緊張**のために，随意的な発声がほとんどできず，断
続的な発声で，息を吸ったり吐いたりの調整も下手で，苦しそうに声
を絞り出す。「アーアー」の発声も，抑揚や長短が急激に変化したり，
つばが吹き出したかと思うとむせたり，目をむいて呼吸をとめたりす
る。(中略) 言語を理解する面 (聞き言葉) より，表現する面 (話し言葉)
の方が障害が重く，構音機能が十分に働かない。(中略) 筆者は○男
の奇妙な行動パターンの中に，何かしら知的な内容をもつ感受性豊か
な口もとの動きと目のほほえみ，また，かすかな甘えの様子などを察
知して，教育へのわずかなかかわりを見つけた。[3]

*3　宮本茂雄・細村迪夫 (1980)
『訪問教育の理論と実際』学苑社,
pp.200-201 より一部抜粋引用。

と障害が極めて重度な児童への指導にとまどいながら，細かな応答の様子
に指導の可能性を見つけた様子が記録されている。

　この実践から 40 年後にまとめられた重複障害教育の課題には「微細で
微弱な表出，あるいは**不随意**とみられがちであった動きに対して，子ども
とのやりとりをベースに，その意味と意図性を実践的に明らかにするこ
と」(土谷 2017：153) が挙げられている。これは，前述の訪問教育の草創
期の事例と共通するものであり，この教育の基本的な課題を示していると
いえよう。

3．小学校，中学校，高等学校の通常の学級とのかかわり

　日本で 2 番目の**重症心身障害児**[4]施設を開設した**糸賀一雄**の言葉を紹
介する。「この子らはどんなに重い障害をもっていても，だれととりかえ
ることもできない個性的な自己実現をしているものなのである。(中略)
『この子らに世の光を』あててやろうというあわれみの政策を求めている
のではなく，この子らが自ら輝く素材そのものであるから，いよいよみが
きをかけて輝かそうというのである。『この子らを世の光に』である」(糸
賀 1968：177)。

*4　児童福祉法で，重度の知的
障害及び重度の肢体不自由が重
複している児童を示すもの。

　重度・重複障害のある子どもが多く在籍する肢体不自由教育，病弱教育
に対応する特別支援学校は，全国で 499 校である。小学校が約 2 万，中
学校が約 1 万，高等学校が約 5 千という学校数を考えれば，学校間交流に
よる交流及び共同学習を実施することは，かなり限られた学校だけという
現実もあろう。しかし，さまざまな機会をとらえて，同世代の重い障害を
抱えながら生き抜いている姿に触れていくことは，これからの多様性の社
会，共生社会を生きるうえで貴重な経験となるものである。所属する学校
の状況等に応じて，交流の機会を模索していって欲しい。　　　[杉本 久吉]

3.8 言語障害

言語障害を理解するために，本節ではまずその定義について確認する。そのうえで，学級の中での様子について解説し，総括的に言語障害の理解と指導について示す。

1．言語障害とは

言語障害は，大きく分けて，**話しことば (speech) の問題**と**内言語 (language) の問題**に大きく分けることができる。

はじめに，少しだけことばが発達するということについて考えてみたい。

赤ちゃんは，「オギャー」と外の世界に生まれてから，泣く・むずがるなどをしながら大きくなっていく。何の意味ももたない泣き声，しぐさを，信頼できる大人 (多くは母親) がサインとして受け取り，オムツを替えたり，お乳を与えたりする。そして，赤ちゃんは，大人に振り向いてもらうため，意図的に泣き声や身振りを使い始める。この大人との関係を足掛りとして，さまざまな遊びや経験を通してことばを獲得し，だんだんと信頼できる大人を増やし，友達を作り，世界をひろげていく。

また，「ことば」は，情報を伝達するコミュニケーションの道具だとよくいわれるが，その他にもいろいろな面をもっている。

・「思考することば」

人は，ことばを使いながら考え，考えを深めていく。

・「人を動かすことば」

赤ちゃんは，「ママ」と言うだけで母親を動かし自分に注意を向けさせ，抱っこをしてもらったり，おっぱいをもらったりする。

・「コミュニケーションとしてのことば」

情報を人に伝えたり受け取ったりする。

・「感情表出としてのことば」

人は，感情を表すために抑揚やジェスチャーをつけて表す。同じ表現でも聞き手は，この人は怒っていると感じたり，親しみを込めて話していると感じとったりする。

・「自我の表出としてのことば」

自我は，常に人間関係の中で自己意識 (自分の存在を意識) し社会の中での行動を身につけていく。例えば子どもたちは，2・3歳ごろになってくると保育園などでは，おもちゃの取り合いや順番を守らないなどの争いが起こってくる。すると保育士は，「がまんしようね」や「順番，順番」な

どの声掛けをする。子どもたちはその声掛けを自分の中に取り込みながら社会のルールに合わせた言葉や行動を身につけていく。

　このようななかで，ことばの発達が不十分であるとさまざまな辛い経験をすることがおわかりいただけるだろうか。ことばに障害のある子どもは，学級での学習におおむね参加し，ある一定の時間だけ「ことばの教室」（正式名称：言語障害通級指導教室）に通って来る。

　では，「ことばの教室」に通って来ている子どもたちのもつ障害について詳しくみてみよう。

(1) 構音障害

　構音障害とは，特定の語音を誤って構音する（音を作る）もので語音を置換したり，省略したり歪んだりしている場合をいい，構音障害は，大きく 3 つに分けることができる。

① 器質的構音障害

　構音器官（唇・硬口蓋・軟口蓋など）に何らかの異常があり正しい音を作ることができないもので，代表的なものとして，「口唇・口蓋裂」「口蓋裂」「粘膜下口蓋裂」などがある。また，「鼻咽腔閉鎖機能不全症」という「軟口蓋が短い」「咽頭後壁が奥深い」や「軟口蓋の動きがよくない」などの理由により鼻咽腔閉鎖機能不全を生じるものがある。

　「口唇・口蓋裂」は，日本では，約 500 人に 1 人の割合で生まれる。原因は，はっきりとはわかってないが，母親のお腹の中にいた時のさまざまな要因が影響しているといわれている。

② 機能的構音障害

　低学年の構音障害の中でも最も一般的なもので，明らかな構音器官に器質的な異常がなく，神経学的問題が認められないにもかかわらず正しい音

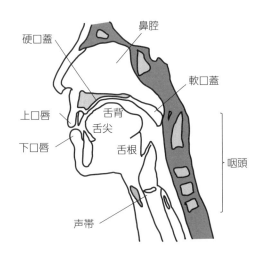

図 3.8.1 主な発声・発語器官
（出所）パーマー（2001）などをもとに筆者作成

が獲得できていないものである。

③ 特異な構音の誤り音

口蓋化構音，側音化構音，鼻咽腔構音などがある。

※その他，声の質の異常についても触れたいが，ここでは割愛する。

(2) 話しことばのリズム障害 (吃音)

代表的なものは吃音でことばの出だしが詰まったり，引き伸ばしたり，音を繰り返したりするものである。この状態は，非常に目立つ時とほとんど目立たない時期を繰り返しながら進展していく。

発生率は，各国とも100人に1人前後で，女児については，500～700人に1人だといわれている。

3歳前後の間に始まるのが一般的で，小学校に就学するまでにこの中の40～70％程度の子どもたちは自然治癒をするといわれている。しかし，就学する時期になっても残っていると，成人になっても吃音が残る可能性が高い。

吃音の原因については，いまだ不明でこれといった治療法も確立されていない。

(3) 言語発達の遅れ

同年齢の子どもたちと比べて語彙が少なかったり，表現が幼稚であったり，ことばがつながらなくて言いたいことが伝わらない状態のことである。

「知的な発達の遅れ」「発達の偏り」「情緒面の問題」などさまざまなことが原因と考えられる。

① 知的な発達の遅れ

「発達全般が遅れている」「適切な養育環境でない」などが考えられる。

② 発達の偏り

自閉スペクトラム症*がある。または，それに近い特性がある。

③ 情緒面の問題

*　自閉スペクトラム症については，3.10 を参照。

誤った社会適応の学習による。例えば，「発表しなければならない時に黙っていたら隣の友達が言ってくれた」など喋らないことで社会に適応していくことを身につけてしまい，いざ，みんなの前で言おうとしても声が出なくなってしまった等が考えられている。

2．学級の中での様子

(1) 構音障害

① 器質的構音障害

口腔内に十分な呼気を溜めることができないことで，通常の構音場所とは違うところで音を作ったりすることが起こってくる。

代表的な異常構音として，「**声門破裂音**」が挙げられ「オカアサン」を

「オアアアン」のようにしブツブツと短く切って言っているように聞こえる。また，フガフガと息が鼻に抜ける感じがする。音楽の時間では，リコーダーを吹くことができないことも考えられる。給食の時間には，飲んだ牛乳が鼻から漏れることなどもあるかもしれない。また，話をすることや音読することをためらったり，友達とのかかわりを避けたりすることもある。それとは逆に自分の話が伝わらないことに腹を立て，ケンカになることもある。さらに，手術後の傷跡を気にして引っ込み思案になったり，友達からからかわれたりすることが起こる。

② 機能的構音障害

代表的な誤りの例として，「オカアサン」を「オタアタン」と言ったり「トケイ」を「トテイ」と言ったりする。いわゆる幼いしゃべり方だと聞き手は感じる。

③ 特異な構音の誤り音

「口蓋化構音」は，舌尖と歯や歯茎で作られる音が後方の舌背と口蓋で作られる歪み音で「タ行・ダ行」や「サ行」音で起きやすく，「カ行・ガ行」に近い音になる。

「側音化構音」は，発声時の息が口唇の中央部から出ず片側からかあるいは両側から出てしまう歪み音で，イ列音とエ列音に起きやすく，「キ」は「チ」に「ケ」は「チェ」に近い音でガシャガシャとした耳障りな音として聞こえる。

「鼻咽腔構音」舌が口蓋に接することで口腔を閉鎖し，そのままの状態で，軟口蓋が咽頭後壁に接することで作られる歪み音で，息は口からでなく鼻から出てくる。イ列音やウ列音に起きやすく「ン」「クン」に近い音として聞こえる。

いずれの構音障害も友達にからかわれたりすることによって，そのことを気にしてしまい発表や音読を避けたりする人もいる。

(2) 話しことばのリズム障害 (吃音)

音読や会話の時に「ぼくが…」と本人は言いたいのに「ぼ・ぼ・ぼ・ぼくが…」(連発) のように最初の音を繰り返したり，「ぼーーーくが…」(伸発) のように最初の音をひきのばしたり，「……ぼくが」(難発) のように言いたい最初の音が詰まってなかなか出ないなどの状態がある。

また，**随伴症状**といって最初の音を出そうとして，動作が出ることもある。例えば，手を振ってみたり，椅子から急に立ち上がったり，まばたきをする人もいる。また，詰まってしまうと言いにくくなるので，異常に速く一気に本読みをしたり，発表をしたりする人もいる。

こうした表面に現れる話し方だけでなく，子どもの行動にも影響が出てくる。例えば明日「朝の一分間スピーチ」の担当になっていると，また吃音が出てしまうのではないか，もしそうなれば友達にどう思われるかと不

安になり，吃音症状が出そうなことばを言い換えて本当に自分の言いたいことではないことを言ってしまうこともありうる。さらに進んでいくと話すことや友達との付き合いを避けるようになり，吃音のある自分は，「ダメだ。劣っている」とさえ考えてしまうようになる。

(3) 言語発達の遅れ

単語だけでしゃべったり，一方的にしゃべったり，相手の言ったことの意味を取り違えたり，話すことはできるがまとまりがない話し方をする。また，話し相手との言葉のキャッチボールがうまくできない，周りの状況に合わせて行動できない，友達とうまく遊べない等のことが起こってくる。

① 知的発達の遅れている子どもたち

まず，教科学習に影響がでてくる。説明をしてもわかってもらえないと怒り出したり，ケンカになったりする。逆に黙ってしまう子どももいる。

② 発達に偏りのある子どもたち

言葉のキャッチボールがうまくできないので，「わがままな子」「偉そうな子」「空気の読めない子」と思われがちである。

③ 情緒面に問題のある子どもたち

家では，よく喋るのに学校などの特定の場面では全く喋らなくなる。「場面緘黙症」あるいは，「選択性緘黙症」と言われている。進んでくると喋らないだけでなく，表現活動（絵をかいたり作文をかいたりなど）もできなくなる。そして，その場から動けなくなる子どももいる。

3．理解と指導

(1) 構音障害

話すことを嫌いにさせないようにすることが大切である。楽しくおしゃべりをしたり，音読をしたりすることがよい練習になる。

① 器質的構音障害

「口唇・口蓋裂」は，唇や鼻の下の手術痕のことを，からかわれるなどの様子が見られれば，本人や家庭と相談をし，小さい頃手術をしたことやこれからも手術するかもしれないことを学級のみんなに伝え，ジロジロ見られたり，からかわれたりすることは嫌なことを子どもたちに教えてあげるとよい。飲んだ牛乳が鼻から漏れることについては，口の中の状態がまだ十分整っていないので歯科治療に通っていることも知ってもらうとよい。聞き取りにくい話し方の場合は，しつこく聞き直したり言い直させたりすることは，避ける。言い直しをさせても口の中の状態が整っていなかったり，練習が十分でなかったりすると言おうとしても言えない。ゆったりとした気持ちで聞くことを心掛ける。

② **機能的構音障害**

　正しい音で話そうとしてもできないこと，そして，今，練習中であり，頑張っていることを子どもたちに伝える。頑張っている人をからかったりすることは良くないことであることをわからせるようにする。教員は，たとえ間違っていても言い直しはさせない。例えば「オサカナ」が「オタカナ」となった場合，「オサカナだね」とサラッと正しい音で返すことを心掛ける。

③ **特異な構音の誤り音**

　「側音化構音」は，正しい音が出せるようになるまでに時間がかかる。また，正しい音に近い音が出せるようになっても，完全な正しい音の習得には，本人の努力と長い時間がかかる。筆者は改善がみられてきた子どもに対しては，「アナウンサーの人でも側音化している人がいるよ。今の話し方でも十分通じるよ。今は，自信をもって楽しくお話をすることが大事だと思う」と話をする。話し方ばかりにこだわらなくてもよいことを伝えることが大切である。

(2) 話しことばのリズム障害（吃音）

　吃音の症状は，波の様に比較的話しやすい時と話しにくい時がある。また，話す相手や場所によっても変わる。話し方そのものではなく，話の内容などを誉めることを心掛ける。

　「ゆっくり，落ち着いて言ってみて」と言うことがよくあるが，ゆっくり落ち着いて言おうとしても吃音をなかなかコントロールできるものではない。また，「よく吃音は，そっとしておきましょう」と言われ周りの大人は知らないふりをすることがあるが，成人になった吃音者に話を聞くと「言葉が出ずに苦しんでいることが，わかっているのに知らないふりをされて嫌だった」と言う人もいる。周りの大人は，「今，ことばが出にくくて辛いね」と気持ちの共有をしてあげるとよい。

　音読などは，みんなと一緒に読むと吃音の症状は出にくいようである。順番に当てられると緊張して言いにくい人や逆に急に当てられる方が言いにくい人などさまざまである。

　本人と「何が辛いか，どうして欲しいか」話し合うことがよいであろう。「声が出にくい時は，一緒に読んで欲しい」や「書いて発表したい」などいろいろ話をしてくれるはずである。けっこう話し好きであったり，冗談を言ったりするのが好きな子が多いように筆者は感じている。

　周りの子どもたちの中には，「どうしてそんな喋り方になるの」とたずねる子や真似をする子がいる。「わざと言っているわけではないこと」などを説明するとよい。

(3) 言語発達の遅れ

① 知的な発達の遅れている子どもたち

　読み聞かせの機会を多くすると，聴く耳を育て語彙を増やすことができる。一緒に経験したことについて話をする機会を増やせるとよい。単語だけで話すのを聞いて，教員が「それは，○○と言うこと」と上手なしゃべり方のモデルを示すとよい。

② 発達に偏りのある子どもたち

　発達の偏りがあるために，偉そうな言い方や空気の読めない返答になってしまうのである。決して悪気はないことを伝える。併せて，聞き手の方が感じた気持ちも話し手に伝え，言葉足らずであったところは教員が補って伝えるようにすれば，子どもも真似をし始める。また，誤解をさけるために文字や絵にして確認することも有効である。

③ 情緒面の問題のある子どもたち

　喋ることを強制しないようにする。喋ろうと思っても言葉を出すことができないのである。喋りたくなる雰囲気づくりを心がけることが大切である。一緒に遊んだり，何かを作ったりする中で思わず声が出ることがある。しかし，声が出たことをあまり大げさに扱わないようにする。この子どもたちは，認めてはもらいたいのだが注目されることは好きではない。

　一つひとつ段階を踏まえて，本人が挑戦できることから始めるとよい。例えば，「この人となら小さい声で話せる」や「この場所なら声が出せる」また，「絵を描きながらなら意思表示ができる」など，いろいろな機会や人，場所を少しずつ組み合わせながら段階を上げていくようにする。指導者の方が急ぎすぎると失敗する。そして忘れてはならないのは，本人が「どこで話せるようになりたいか」「誰と話したいか」「どんな時に話したいか」が重要だということである。本人の意思を確かめながら進めていって欲しい。

　ここで，「ジョンソンの言語関係図」（図3.8.2）を基に話し手と聞き手との相互関係から言語障害問題を考えてみよう。

　x軸を言語障害の症状の特性，y軸を聞き手の反応，z軸を聞き手の反応に対する話し手（言語障害者）の反応とすると，言語障害者の言語の問題

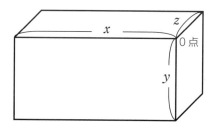

図 3.8.2 ジョンソンの言語関係図
（出所）内山（1979：116）より

は，x，y，z の３軸で囲まれた容積の大きさで表現される。各軸の長さを０に向かって短縮することが，言語障害問題の解決とする。

　この３つの軸の中で教員が最もアプローチできるのは，y 軸（聞き手の反応）である。教員がまず，よき聞き手となっていただきたい。ことばに障害のある子どもたちは，よき話し手ではないのである。しかし，相手がよき聞き手であれば，臆することなく不十分な文でも，聞き取りにくい構音でも，話すことができる。自分の言ったことをわかってくれた喜びからよき聞き手のことが大好きになり，真似をしたり，もっとわかってもらおうと工夫をしたりするようになってくる。そうすると，しだいに構音や文の作り方も上手になってくる。吃音のある子どもは，吃音があっても安心して話すことができる。教員がよき聞き手となってくれると，周りでそれを見ている子どもたちもよき聞き手に育ってくる。そうすると安心して何でも言える学級が作られ学級の受容的態度が育まれてくる。それは，ことばに障害のある子どもたちだけでなく，その他の課題のある子どもたちの発達にとってもよい影響を与えていくはずである。

　しかし，言語障害のある子どもたちが皆支援を必要としているわけでもない。吃音のある子どもの中には，吃音がありながらも，吃音に臆することなく逆にそのことを自分の売りにし，自己表現しながら生活している人もいる。そういう子どもたちには暖かい見守りだけで十分である。

　最後に，遠慮せず専門家に相談してみるとよい。ことばに障害のある子ども個人の発達に関してだけでなく，座席の配慮のことであったり，声掛けの仕方であったりいろいろなことを助言してくれるはずである。吃音のある子どもたちの中には，「『100人に１人吃音の人はいる』って先生は言っていたけど，僕の周りには，一人もいない。本当にいるの」と考えている子どももいる。個別の指導だけでなく，グループ指導を取り入れているところなども紹介してもらうとよい。グループ指導の中で仲間に出会い，さらに，自分と同じ障害のある大人の話を聞く会などにも参加することで，「自分だけじゃない」と元気がでたり，自分の将来に対して夢や希望を抱いたりする良い機会となるであろう。　　　　　　　　［中田ゆかり］

学習障害(LD)

2007年に開始された特別支援教育は，それまでの特殊教育と異なり，知的障害を伴わない発達障害の児童生徒にも支援の光を当てている。発達障害とは，発達障害者支援法の中で，「自閉症，アスペルガー症候群その他の広汎性発達障害，学習障害，注意欠陥多動性障害その他これに類する脳機能の障害であってその症状が通常低年齢において発現するものとして政令で定めるもの」(第二条)と定義づけられている。ここから3つの節にわたって，発達障害に含まれる学習障害(LD)，自閉スペクトラム症(ASD)，注意・欠如多動性障害(ADHD)について述べる。

1．発達障害の出現率

2012年に文部科学省が行った「通常の学級に在籍する発達障害の可能性のある特別な教育的支援を必要とする児童生徒に関する調査」によれば，知的発達に遅れはないものの学習面または行動面で著しい困難を示すとされた児童生徒は6.5%にのぼる。この数字はどの学級にも発達障害と目される児童生徒が存在しうるということを教えてくれる(図3.9.1)。

発達障害は，学習面に困難さが生じる**学習障害(LD)**，行動面に困難さが生じる**注意欠如・多動性障害(ADHD)**，社会性・対人関係の面に困難さが生じる**自閉スペクトラム症(ASD)**が含まれるが，これらの障害は単独で生じるとは限らない。多くの事例では，困難さの重複が見られるため，児童生徒の実態把握は，学習面や行動面等に限定せず，多角的に行うことが大切である。

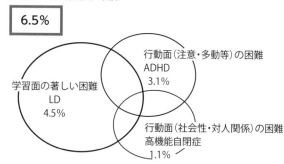

学習面または行動面の困難

6.5%

学習面の著しい困難
LD
4.5%

行動面(注意・多動等)の困難
ADHD
3.1%

行動面(社会性・対人関係)の困難
高機能自閉症
1.1%

図3.9.1　通常の学級に在籍する発達障害の可能性のある特別な教育的支援を必要とする児童生徒に関する調査結果
(出所) 文部科学省（2012）の資料を改変

2．学習障害（LD）の定義

学習障害(以下，LDと表記)という名称には2つの側面がある。ひとつはLearning Disabilitiesの略としてのLDであり，教育用語である。もうひとつはLearning Disordersの略としてのLDであり，こちらは医学用語になる。通常，診断を行えるのは医師であり，どんなに研鑽を積んだ教師であっても診断をすることはできない。しかし，LDは教育実践の現場で，教師が子どもの学習のつまずきの様子から判断をすることができる。

　以下にLDの定義を，文部科学省によるもの（教育的観点からの定義）とアメリカの精神医学会の診断マニュアルによるもの（医療的観点からの定義）の両方を記す。

①文部科学省による定義

> 　学習障害とは，基本的には全般的な知的発達に遅れはないが，聞く，話す，読む，書く，計算する又は推論する能力のうち特定のものの習得と使用に著しい困難を示す様々な状態を指すものである。
> 　学習障害は，その原因として，中枢神経系に何らかの機能障害があると推定されるが，視覚障害，聴覚障害，知的障害，情緒障害などの障害や，環境的な要因が直接の原因となるものではない。

（出所）平成11年7月の「学習障害児に対する指導について（報告）」より抜粋

②アメリカ精神医学会の診断マニュアル（DSM-5）による定義

> **限局性学習症／限局性学習障害〈Specific Learning Disorder〉*1**
> A．学習や学業的技能の使用に困難があり，その困難を対象とした介入が提供されているにもかかわらず，以下の症状の少なくとも1つが存在し，少なくとも6カ月間持続していることで明らかになる
> 　1．不的確または速度が遅く，努力を要する読字
> 　2．読んでいるものの意味を理解することの困難さ
> 　3．綴字の困難さ
> 　4．書字表出の困難さ
> 　5．数字の概念，数値，または計算を習得することの困難さ
> 　6．数学的推論の困難さ
> B．欠陥のある学業的技能は，その人の暦年齢に期待されるよりも，著明にかつ定量的に低く，学業または職業遂行能力，または日常生活活動に意味のある障害を引き起こしており，個別施行の標準化された到達尺度および総合的な臨床消化で確認されている。17歳以上の人においては，確認された学習困難の経歴は標準化された評価の代わりにしてよいかもしれない。
> C．学習困難は学齢期に始まるが，欠陥のある学業的技能に対する要求が，その人の限られた能力を超えるまでは完全には明らかにはならないかもしれない。
> D．学習困難は知的能力障害群，非矯正視力または聴力，他の精神または神経疾患，心理社会的逆境，学業的指導に用いる言語の習熟度不足，または不適切な教育的指導によってはうまく説明されない。

（出所）American Psychiatric Association（2014：34-35）

　両者の定義を比較すると，文部科学省の定義には，読み書きのつまずきだけでなく「聞く」「話す」といった口頭言語の困難さも含まれている（DSM-5においては，「聞く」「話す」の困難は「コミュニケーション群」に分類されている）。教育分野での視点では，学習に関わる言語・コミュニケーションのつまずきを「聞く」「話す」「読む」「書く」の4領域からとらえているといえる。

　また，同定義における「全般的な知的発達に遅れはないが」の部分にも着目したい。知的能力に遅れがないにもかかわらず，特定の領域の学習に困難さが生じてしまうことは，子どもの能力が周囲に正しく理解してもらえないといったことにもつながる。LDの子どもは，全般的な知的能力は当該年齢相応またはそれを上回る水準であっても，得意な領域と不得意な領域間の差異が大きい。もし，子どもの高い能力に着目すれば，不得意とする領域については努力不足や怠けと目されるであろう。他方，子どもの苦手とする能力に着目すれば，表面に現れにくい子どもの強みを見落とし

*1　医療的な診断において，アメリカ精神医学会による「精神疾患の分類と診断の手引き第5版（DSM-5）」が用いられることが多い。本マニュアルではLDはSLD（Specific Learning Disorder）と名称が変更され，限局性学習障害または限局性学習症と翻訳されている。
　A〜Dの4つの診断基準はその人の発達歴，病歴，家族歴，教育歴，成績表，心理教育的評価の臨床的総括に基づいて満たされるべきとされている。

て能力が低いと見なされることになろう。このようにLDの子どもは，過大評価や過小評価をされやすいため，劣等感や自信喪失につながる情緒的な二次障害をもちやすいと言われる。実態にあった理解を行うために丁寧なアセスメントをこころがけることが重要である。

3．学習障害（LD）の特性と状態像

　LDの困難さは主に学齢期になってから気がつかれることが多い。LDの困難さや状態像を，文部科学省の定義の中に述べられている6つの能力ごとに整理したものが**表3.9.1**である。

　LD児の困難さはさまざまあるが，主に「読み」「書き」「算数」につまずきが表れやすい。特に読み書きは，すべての教科や学級活動にも関与し，ここに困難さがあると学校生活全般に負荷がかかってくる。

表3.9.1　領域別困難さの状態像

	困難さの状態像
聞く	・聞き間違いがある　　・聞き返しや聞き落としが多い ・1対1の場面と比較して集団場面での聞き取りが悪い ・聞いたことをすぐに忘れて覚えていられない ・早く話されると理解が悪くなる　　・言葉の覚えが悪い
話す	・円滑に話すことが難しい　　・語想起（言葉を思い出して活用する）が難しい ・指示語や擬音（例：割れる⇒ガチャーンってなる等）を多用する ・語彙の数が期待される発達水準に満たない ・ひとつの言葉の中で音節の転置(例：エレベーター⇒エベレーター，ペットボトル⇒ペッポトトル)が見られる ・授受動詞（行く，来る等）の使用に混乱がある ・話す時に単語や短文の羅列になる　　・筋道立てて話すことが難しい ・話の内容が本筋から離れて横道にそれることが多い。
読む	・文字と音を正確に対応できない　　・一文字ずつたどる逐次読みになる ・特殊音節（促音，拗音，長音等）を正確に読めない　　・不自然なところで区切って音読する ・ひとつの言葉の中で音節の転置が見られる　　・勝手読みがある ・音読しても内容を理解していない　　・黙読ができない
書く	・筆記に時間がかかる　　・視写（例：黒板に書かれたことをノートに書き写す等）が苦手 ・正しい筆順で書くことができない　　・字形が整わず読みにくい文字になる ・句読点を適切に打てない　　・形の似た文字を混同して書き誤る ・文字の一部が不足したり左右が入れ替わったりする　　・作文を書く時に平仮名ばかりになる ・作文の内容が乏しかったり，主語と述語が一致しない文章になったりする
計算する	・数概念の理解が困難である　　・正しい手順で計算することができない ・桁を揃えて筆算できない　　・筆算はできても暗算が苦手である ・加算，減算は理解できても繰り上がり，繰り下がりのある計算では苦戦する ・計算に時間がかかる　　・計算時に指を使う　　・九九が習得できない
推論する	・文章題を理解して解くことが困難である　　・概数の理解が難しい ・単位の換算が正しくできない ・百分率を用いることが困難である ・因果関係の理解が難しい

（1）読みのつまずき

　読みには正確性と流暢性の2つの側面があり，この2つがバランスよく働くことが重要である。**読みの正確性**とは，文字を見てそれに対応する

音声に瞬時に正しく結びつけることを指す。**読みの流暢性**とは，1文字ずつの認識ではなく，文字を単語等の意味のあるまとまりとして素早くかつ滑らかに処理していくことである。読みに困難さをもつLD児の中には，文字と音声とを正しく対応させることができないだけでなく，1文字ずつであれば正しく読めても（音声に変換できても）単語としての文字のまとまりを認知して即時に正しく**デコーディング**[*2]することに困難さが生じることがある。この場合，単語としての意味理解ができないまま読み進めていくため，たどたどしい逐次読みで音読できたとしても読解ができないことになる。

*2　文字を音声に変換する作業をデコーディングと呼ぶ。

　「読みの障害」を**ディスレクシア**（Dyslexia）と呼ぶこともある。国際ディスレクシア協会（IDA）による定義では，

　　・神経学的な原因による特異的な学習障害である。

　　・単語を認識する際の正確さ，流暢さに困難がある。

　　・つづりの稚拙さ，デコーディングの弱さという特徴をもつ。

とされ，このことが二次的に発生する読書体験の乏しさにつながり，語彙や知識の発達に影響することにも言及している。

(2) 書きのつまずき

　正しく書くためには，文字の形を正確に記憶しておく必要がある。目で見た情報を正しくとらえること（**視覚認知**）に苦手さがあると，視写（見たものを写し書きすること）の際，似た形の文字を混同したり，部分に過不足があるような不正確な文字を書いたりすることがある。文字の学習は，かなにしても漢字にしても，手本をよく見て真似て書いて練習する方法がとられることが多いが，視覚認知能力に弱さがあると，視写による練習に多大な負荷がかかるばかりか，正確に文字を習得することが困難になる。このような視覚認知能力の弱さは，文字の学習が始まる以前の幼児期の段階で，「靴の左右を間違えることが多い」「靴箱の自分の場所を探すのに時間がかかる」「パズルを楽しめない」といったエピソードから気づきを得ることがある。

　また，「読み」のつまずきが，「書き」の困難さと関連することがある。「読み」は文字という視覚情報を対応する音に正しく結びつける作業である。もしこれが不正確であれば，文字情報として表現したい語の聴覚的なイメージがどの文字と対応するのか，また，その語はいくつの音韻から成立しているか（かなを使用した場合，何文字で構成されるか），がわからなくなり書く作業に支障をきたすことになる。

（3）読み書きのつまずきの背景要因

①音韻意識の弱さ

　通常，幼稚園の年中児ごろになると生活の中で目にする文字に関心を示し，少しずつ読み方を覚えるようになる。それまでの音声による口頭言語で得た語彙や知識を活用して文字言語を獲得していく。その際，不可欠なものが**音韻意識**[*3]（音韻認識）である。幼児期の子どもは，まだ音韻意識が十分に発達していないため，特殊音節（拗音，促音，長音など）の認識が弱かったり，単語の中で音節が転置（例：「エレベーター」を「エベレーター」と言い間違える）したりするが，学齢期に近づき音韻意識が発達するにつれ，それらの誤りが無くなっていく。音韻意識の弱さは，「読み」のつまずきだけでなく「書き」のつまずきにもつながりやすい。

②ワーキングメモリー[*4]の弱さ

　読みの作業には，文字や単語を認識して正しい音のイメージと結び付けて意味を理解し，さらにそれまでに読み進んだ内容を保持しながら現在読んでいる部分の情報とを関連づけて文章全体の理解を行うということが含まれる。**ワーキングメモリー**に弱さがあるとそれらの作業が円滑にいかず読解に困難が生じる。また，ワーキングメモリーが弱いと作文において，一文が長くなったり，主語と述語が一致しない文になったりすることがある。これは，常に主題を念頭に置きつつ見通しをもって文章化する作業を遂行することに困難が生じるからである。

③視覚認知能力の弱さ

　視覚認知能力とは，目で見てとらえた情報を正しくとらえる力を指す。視覚認知能力に弱さがあると，似た文字と混同して読み誤ったりすることがある（例：「あ」と「め」，「場」と「湯」を見誤る）。

　また，文字を表記する場合も似た形の文字と間違えて書いてしまったり，文字の構成を正しくとらえることができないために鏡文字（かな）[*5]や偏と旁の逆転（漢字）[*6]をしてしまったりすることがある。視覚認知に弱さがあると画数の多い漢字の学習に苦労することがある。

④英語学習における困難さ

　英語学習における読み書きは，日本語の場合とは異なる困難さが生じる。

　日本語は基本的に1モーラ（1拍）が単位となるが，英語の場合は音素が単位となる。すなわち［ka］と発音される音に対応する文字は日本語においては「か」の1文字で表すことができるが，英語においては［k］と［a］という音素に分解され2文字で表記される。また，日本語では「あ」という文字は［a］という音と1対1対応をしているが，英語の「a」の文字には［ɑ］という発音のほか［æ］や［ʌ］など複数の発音が考えられる。このような複雑さを有するため，英語学習が始まってからつまずき

---

*3　音韻意識とは単語の中にいくつの音韻がどのような順番で含まれているかを認識する力のことである。日本語の最も基本的な音の単位であるモーラ（1拍の単位，「あ」「だ」「ちゃ」は1モーラである）を正しくとらえて操作することのできる能力がないと「読み」の発達が阻害される。また，正しく音と文字を対応することが困難であれば「書き」の発達にも影響が及ぶ。

*4　ワーキングメモリーについて詳しくは **3.11**（p.117）参照。

*5　鏡文字（かな）

*6　偏と旁の逆転

が顕著になる場合もある。

(4) 算数のつまずき

　文部科学省の学習障害の定義づけにおける「計算する」「推論する」領域の困難さを**算数障害**と呼ぶことがある。DSM-5 では，算数障害は限局性学習症に含まれ，数概念の獲得の困難さと数学的推論の困難さを伴うとされている。算数における計算や推論の障害は，次の４つの領域の障害に整理される（里見ら 2018：98）。

1. 数詞，数字，具体物のマッチング
2. 数概念（序数性，基数性）
3. 数的事実と計算手続き（暗算，筆算）
4. 数学的推論（文章題）

　計算を行うためには，まず数概念を獲得する必要がある。数概念の基本は，目の前にある３つのミカン（具体物）とそれが「サン」という数を表す語（数詞）で示されることとその数が「3」という文字（数字）で表されるということが，しっかりとつながって理解できることにある。仮に子どもが１から 100 まで暗唱することができても，唱えた数が具体的に目の前の具体物の数と一致して理解できなければ数概念が獲得されているとは言えない。また，数概念には**基数性**と**序数性**の理解も必要である。基数性は，２つの数を比較した時にどちらの方が大きい数かを直観的に把握する量的なイメージに関わる。一方，序数性とは数の系列における〇番目の理解に関わる。例えば，基数性につまずきがあると 30 個の飴を４人で分けると１人あたりの取り分がおよそどのくらいになるかをイメージすることが難しくなる。序数性のつまずきは，一列に並んでいる子どもたちの中でタロウ君は何番目にいるかといった理解の難しさにつながる。

(5) 算数のつまずきの背景要因

①視覚認知能力の弱さ

　視覚認知能力の中でも視空間認知に困難さがあると，桁を揃えて筆算式を書くことや横式を筆算の形式に書き写すことが上手にできない。また，繰り上がりを示す数字を適した位置に記入できないため計算上の混乱が生じることもある。加算，減算と違い，数の操作が斜め方向にも行われる乗算や除算でも困難が生じやすい。

②ワーキングメモリーの弱さ

　暗算を行う場合，5 や 10 といった数の合成分解が自由に行えることや計算の手順を正しく知っていることは重要である。しかし，ワーキングメモリーに弱さがある子どもの場合，手順を知っていても，繰り上がりや繰り下がりなど数の操作が複雑になると，計算ミスが生じやすくなる。情報

をすべて頭の中だけで処理せずにすむよう，計算の途中経過をノートの欄外にメモして視覚化するなどの工夫が必要になる。

③手先の巧緻性の悪さ（不器用さ）

手先の**巧緻性**が悪い場合，筆算時に桁をそろえて書くことができなかったり，自分が書いた数字を読み誤ったりして計算ミスすることがある。

④メタ認知*7の弱さ

メタ認知は，計算式や文章題から，答えをおおよそ予測することに関与する。メタ認知が働かないと見当違いの答えであってもそれに気づかないことがある。

*7 メタ認知とは，自分自身の認知のあり方をより高次に認知することである。つまり現在おこなっている作業や思考について客観的に認識し，吟味し，判断することをいう。

4．学習障害（LD）の支援

学習障害（LD）の支援の具体例を以下に示す。

事例：小学校 3 年　男子 A　通常の学級に在籍
主訴：語彙や知識は豊富だが，読み書きにつまずきがあるため，徐々に学力に遅れが出てきており学習意欲の低下が見られる。つまずきの実態としては，音読がたどたどしい，漢字の書き取りで漢字の形の想起ができず落第点を取る。平仮名の表記では特殊音節が不正確になる。まだ九九を正確に唱えることができない。

---

① アセスメント（実態把握）

学校生活における日常的な行動観察に加え，保護者の了解のもと知能検査を実施し，A の認知特性を把握した。その結果，聴覚的なワーキングメモリーと視覚認知能力の弱さが認められた。

② 指導の方略

アセスメントで把握した認知特性から，A の困難さは聴覚的ワーキングメモリーと視覚認知能力の弱さが背景にあることがわかった。そこで，九九は音韻意識を助けるために認知しづらい九九の語呂を聞き分けやすい言い方に変更して練習させた。(例：「ししちにじゅうはち」を「よんななにじゅうはち」と唱えながら覚える等) さらに，九九の式の横に答えの数字も併せて表記したカードを使い，語呂を唱えながら視覚的にも記憶できるようにした (図 3.9.2)。

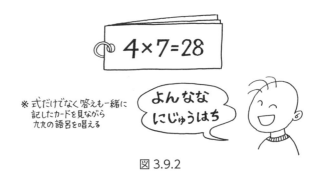

図 3.9.2

　また，漢字の練習は手本をただよく見て繰り返し書き写すという視覚的認知に頼る方法から，言語的な手掛かりを用いて書く方法（例：「親」は「立」って「木」を「見」る）を用いた。それと同時に文字の構成をしっかりと理解するために，「親」という字であれば，「親」という字を「立」「木」「見」の 3 つに切り分けた漢字パズルを厚紙で自作し，パーツを組み合わせたり離したり実際に手で操作させた（図 3.9.3）。

※厚紙に漢字を書きパーツごとに切り離して自作の漢字パズルを作成する
パーツの合成・分解を実際に手を動かしておこなうことで文字の構成を理解する

図 3.9.3　漢字指導で使用した教材

　「親」という漢字は小学校 2 年生で学習する漢字であるが，この方法によって，A は当該学年の漢字も習得できるようになった。まだ，他児と比較すると漢字学習において苦手さが見られるものの，書くことに対する苦手意識が少なくなってきた。

　読みについては，文節ごとにスリットを入れて意味のあるまとまりを視認しやすくしたうえで，一度に視野に入る情報量を抑えるために厚紙に 1 行分のスリットを開けたシート（図 3.9.4）を作成し，1 行ごとにシートをずらして読むようにしたところ逐次読みが軽減され読解の向上にもつながった。

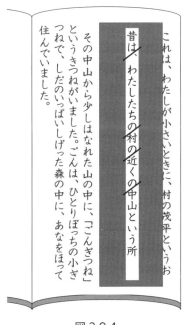

これは、わたしが小さいときに、村の茂平というお

昔は、わたしたちの村の近くの中山という所

その中山から少しはなれた山の中に、「ごんぎつね」というきつねがいました。ごんは、ひとりぼっちの小ぎつねで、しだのいっぱいしげった森の中に、あなをほって住んでいました。

図 3.9.4

　学習障害（LD）の子どもを指導する際は，課題を「できるか，できないか」の視点で考えるのではなく「どこにつまずきがあってできないのか」「どのような方略であればできるのか」の視点をもつことが重要である。

[小林　玄]

3.10 自閉スペクトラム症（ASD）

　大学生が会話の中で，自分自身の内気な性格を指して「私ってアスペ（アスペルガー障害）なの」と言ったり，友人関係のトラブルから人付き合いに消極的だったことを「人間不信で自閉症だったことがあるの」などと言ったりしているのを耳にしたことがある。アスペルガー障害という専門的な用語が一般的な会話で使用されることに感慨を覚えるが，上記の2つの表現はいずれも誤りである。

　近年，発達障害が注目され世間に広く周知されるようになったが，まだまだ理解は不十分だといえる。この節では，発達障害の中でも自閉スペクトラム症の障害特性を，正しい理解のもと適切な支援に結び付けることができるよう解説する。

1. 自閉スペクトラム症（ASD）の定義

　自閉スペクトラム症の概念や名称は，数々の変遷や整理を経て今日に至っている。自閉スペクトラム症のスペクトラムとは，「連続体」という意味をもつ。知的能力の水準が異なれば，現れる困難さの状態像も異なるが，自閉スペクトラム症に特有の障害特性を持つ者を知的能力の水準が低い者から高い者まで一続きのものとしたのが自閉スペクトラム症の概念である。

① 文部科学省による定義

　文部科学省では，2003 年に以下のように自閉症を定義し，さらにこの自閉症のうち知的発達の遅れを伴わないものを**高機能自閉症**としている。

自閉症の定義〈Autistic Disorder〉
　自閉症とは，3 歳位までに現れ，①他人との社会的関係の形成の困難さ，②言葉の発達の遅れ，③興味や関心が狭く特定のものにこだわることを特徴とする行動の障害であり，中枢神経系に何らかの要因による機能不全があると推定される。

（出所）平成 15 年 3 月「今後の特別支援教育の在り方について（最終報告）」参考資料より

②アメリカ精神医学会の診断マニュアル（DSM-5）による定義

自閉スペクトラム症／自閉症スペクトラム障害〈Autism Spectrum Disorder〉
A．複数の状況で社会的コミュニケーションおよび対人相互反応における持続的な欠陥があり，現時点または病歴によって，以下により明らかになる。
　1．相互の対人的－情緒的関係の欠落
　　例：対人的に異常な近づき方，通常の会話のやりとりの困難，興味・情動・感情の共有の少なさ，社会的相互反応の開始や応答の困難等。
　2．対人的相互反応で非言語的コミュニケーション行動を用いることの欠陥

　　例：まとまりのわるい言語的・非言語的コミュニケーション，アイコンタクトや身振りの異常，身振りの理解やその使用の欠陥，顔の表情や非言語的コミュニケーションの完全な欠陥等。
　３．対人関係を発展させ，維持し，それを理解することの欠陥
　　例：社会的状況に合った行動調整の困難さ，想像上の遊びを他者と一緒に行うことや友人を作ることの困難さ，仲間に対する興味の欠如等。
Ｂ．行動，興味，または活動の限定された反復的な様式で，現在または病歴によって，以下の少なくとも２つにより明らかになる
　１．常同的または反復的な身体の運動，物の使用，または会話
　　例：おもちゃを一列に並べたり物を叩いたりするなどの単調な常同運動，反響言語，独特な言い回し等。
　２．同一性への固執，習慣への頑なこだわり，または言語的，非言語的な儀式的行動様式
　　例：小さな変化に対する極度の苦痛，移行することの困難さ，柔軟性に欠ける思考様式，儀式のようなあいさつの習慣，毎日同じ道順をたどったり，同じ食物を食べたりすることへの要求等。
　３．強度または対象において異常なほど，きわめて限定され執着する興味
　　例：一般的ではない対象への強い愛着または没頭，過度に限局したまたは固執した興味等。
　４．感覚刺激に対する過敏さまたは鈍感さ，または環境の感覚的側面に対する並外れた興味
　　例：痛みや体温にへの関心の乏しさ，特定の音または触感に敏感等。
Ｃ．症状は発達早期に存在していなければならない
Ｄ．その症状は，社会的，職業的，または他の重要な領域における現在の機能に臨床的に意味のある障害を引き起こしている。
Ｅ．これらの障害は，知的能力障害（知的発達症）または全般的発達遅延ではうまく説明されない。

(出所) American Psychiatric Association（2014：26-27）より要約作成

　文部科学省の定義では，自閉症の障害特性は３点挙げられている。これはイギリスの児童精神科医であるローナ・ウィングが提唱した「**三つ組の障害**」の概念に準拠している。アメリカ精神医学会による診断マニュアル DSM の第４版である DSM-Ⅳ では自閉症スペクトラム障害は**広汎性発達障害**（PDD）の概念に包括されていたが，最新の第５版 DSM-5 においては，**自閉スペクトラム症／自閉症スペクトラム障害**（ASD）の名称に変更されるとともに，その障害特性を，①社会性とコミュニケーションの問題と，②興味や活動の固執傾向の問題の２つに整理している。

2. 自閉スペクトラム症（ASD）の特性と状態像

(1) 社会的コミュニケーションの困難

①言語能力における困難

　知的水準が低い自閉スペクトラム症の子どもは，相手が言った言葉をそのままオウム返ししたり，授受動詞（「～してもらう」「～してあげる」などの方向性のあるやりとりの表現）を正確に使用できなかったりする。また，平均的な発達の子どもと比較して獲得する語彙の数が少ないだけでなく，獲得する語彙が特定の分野に偏ることも多い。

　知的能力の遅れを伴わない者も言語能力につまずきが出ることがある。通常，発達のプロセスとして幼児期に話し言葉を獲得してから学齢期に入った後に書き言葉の習得に至るが，自閉スペクトラム症の中には，話し言葉よりも書き言葉の方が理解しやすいという子どももいる。一般に書き

言葉よりも話し言葉の方が平易であると考えがちであるが，会話はその場の状況や文脈を前提としてやりとりをすることが多く，言語表現に省略が多い。

　自閉スペクトラム症の子どもは，会話の中で言語化されず省略された部分を推し測ることが苦手であり，言外の意をくみ取ることも容易ではない。また，どの文脈や状況でその言葉が使われたかによって言葉が持つ意味は変わってくるが，そのような状況と言葉との擦り合わせが難しく，会話において，相手の発話の意図を取り違える[*1]ことも多い。

②非言語的サインの適切な活用の困難

　コミュニケーションの手段は言語ばかりではない。私たちは，その言葉がどのような表情で言われたのか，ためらうような間があったか，視線を逸らしながら発言したかなど，言語以外のさまざまな情報をもやりとりし，それを吟味しながらコミュニケーションを進めている。このような言語以外の情報を**非言語的サイン**と呼ぶ。

　対面での会話における非言語的なサインには，表情，声のトーン，話す速度，うなずき，あいづち，アイコンタクト，間の取り方，姿勢などが挙げられる。もし，言語的な情報と非言語的な情報が矛盾していた場合（例：「いいわよ」と言いながら嫌そうな表情を見せる），私たちは通常，非言語的な情報の方を重んじて状況判断（例・「いいと言ってはいるが，本心では嫌なのだろうな」と考える）をするであろう。それほど非言語的なサインはコミュニケーションにおいて重要である。

　その重要な非言語的サインの理解や自然な表出が，自閉スペクトラム症の困難さの一つとなるのである。例えば贈り物をもらって嬉しい時，表情や声音に嬉しさを出さず淡々としているため相手に喜んでいる気持ちが伝わらなかったり，逆に年齢と比べて幼く感じられるほどの大袈裟な表現をして相手に奇異な印象を抱かせたりすることがある。他方，贈り物をあげる側に立った時には，相手が言葉で具体的に喜びを伝えない限り，非言語的な表情や態度からだけでは相手の気持ちを理解することが難しいことがある。

③共同注意・三項関係の発達の遅れ

　他者に対して意識を向け，ある特定の対象について他者と意図や関心を共有すること（**共同注意**）はコミュニケーションの基盤となる。一般に乳児期の間に，「自分と他者」「自分と特定の対象物」という**二項関係**から「自分と他者と対象物」という**三項関係**の関わりに発達する。他者の動作や働きかけに従い自分の注意や視線をある対象に向け，他者と情報を共有することを**応答的共同注意**といい，通常生後8か月ごろから見られる。また，自分が関心を向けている対象を指差しや発声などで示し，他者の注意を引きつけ情報を共有する**始発的共同注意**も1歳ごろには表れる。自閉スペ

[*1]　自閉スペクトラム症の子どもは，このような語用論の問題を持つことが多い。例えば，メモをとる場面で相手がポケットや鞄を探りながら「○○さん，ペンをもっていますか？」と尋ねれば，一般的に相手は自分のペンが見当たらないので貸してほしいのだ，と解釈して自分のペンを差し出すだろう。「貸してほしい」という意図は言語で表現されてはいないが，状況からその意図を推測することができるからだ。しかし，自閉スペクトラム症の子どもは意図に気付かず「はい，持っています。赤が1本，黒は2本あります」と問われたままを答えてしまうことがある。

クトラム症の子どもは二項関係から三項関係の移行が円滑にいかず共同注意の発達にも遅れが生じる。

　三項関係の成立はともすると語彙を多く獲得することよりもコミュニケーションに大きな影響を及ぼす。

　例えば，同じ年齢の健常児，知的障害児，知的障害を伴う自閉症児がいたとする。お気に入りのおもちゃが入っている箱の蓋が固くて，子どもの力では開けられない時，彼らは近くの大人に対してどのようにコミュニケートするであろうか。おそらく，年齢相応の言語能力を獲得している健常児は，「この箱，開けて」と言語で要求を示すだろう。知的障害児はどうだろうか。もし，「箱」「開けて」といった語彙を獲得していなくても，近くにいる大人に箱を指差しなどで示し，大人がその箱の存在や自分の意図に気づいているかをアイコンタクトで確認するだろう。

　言語でのやりとりが無くても三項関係によって，相互のコミュニケーションは成立する。では，社会的コミュニケーションに困難さをもつ自閉症児はどうだろうか。知的障害を伴う自閉症であれば，先述の例と同様に「この箱，開けて」といった言語による要求伝達の困難さに加えて相手の顔を見てアイコンタクトを図るなどの非言語的サインの使用も困難となる。しかし，固い蓋でも大人の手であれば開けることができることを経験上知っていれば，大人の近くに行って，問題を解決してくれる大人の手を取り箱の上に乗せることは行うことができる。このように，あたかも相手を道具のように扱うことを**クレーン現象**という。ここでは，相手に対してアプローチしていてもアイコンタクト等の両者の交流は見られない。

④心の理論の発達の遅れ

　バロン－コーエンは，自閉スペクトラム症のコミュニケーション能力の困難さの背景に**心の理論**（theory of mind）の機能不全があるとし，「心の理論障害仮説」を唱えた。心の理論とは何であろうか。そもそも心の理論とは動物心理学の分野が発祥であり，チンパンジーなどの霊長類の動物に「あざむき」など他者の行動を推測しているかのような行動が観察されたことから研究が深まった。この研究はのちに，人間の子どもにおいて心の理論がいつどのように発達するのか，自閉症の子どもはこの発達過程に障害があるのではないか，といった問いに発展し教育の領域にも広がってきた。

　子どもの心の理論の発達は誤信念課題等で確認されるが，代表的なものに「**サリーとアン課題**」が挙げられる。これは，次のような話を紙芝居や人形劇等を用いて幼児に語り，のちの質問に答えてもらう課題である。

「サリーとアン課題」*2
1．サリーとアンが遊んでいて部屋には箱とバスケットが置いてある。
2．サリーが玩具をバスケットに入れる。
3．サリーは部屋を出る。
4．部屋に残されたアンは，玩具をバスケットから箱に移し替える。
5．アンも部屋を出る。
6．サリーが部屋に戻ってきて先ほどの玩具を取り出そうとする。
質問1：サリーはどこを探すか（信念質問）
質問2：玩具は現実にはどこにあるか（現実質問）

　3歳児は，現実質問に正答することができても信念質問には正答することが難しいが，4，5歳になると信念質問にも正答できるようになる。しかし自閉スペクトラム症の子どもは，4，5歳になっても正答できないことが多いとされる。このことから，自閉スペクトラム症の子どもは，健常児と比較して，自分の信念（視点，考え）と他者の信念（視点，考え）を明瞭に区別することが困難であることが示唆された。

(2) 行動や感覚に関わる困難

①固執性と限局的な行動・興味

　自閉スペクトラム症の子どもは特別な意図のない反復的な動作（例：目の前で掌をヒラヒラさせる。その場でクルクルと回る等）である**常同行動**をとることが多い。また，日常的な行動や遊びにおいて定まったパターンを好む傾向が強い。ある自閉スペクトラム症の子どもは，母親と一緒に幼稚園まで通う際，工事のためにいつもと異なる道を通っただけでパニックになってしまった。また，遊びの中で自分なりのルールで並べたミニカーを友達が並べ替えたことでパニックになった子どももいた。

　自閉スペクトラム症の子どもは，同一性への**固執傾向**がかなり強く，パターンやルーティンが崩されることを好まない。行動はパターン化され厳密に方法や手順を守ることが多い。幼稚園や学校生活は，基本的にはパターンや生活リズムがあるが，時にそれが変更になることも多く，そのような場合自閉スペクトラム症の子どもは集団活動から逸脱しやすくなる。また，通常楽しみにされることが多い，園や学校の行事も，日常のパターンが崩される非日常的な経験となり，教師が想像している以上のストレスがかかりやすい。

　また，自閉スペクトラム症の子どもは，興味や関心の幅が狭く深い傾向がある。それゆえ，知的能力の水準が標準かそれ以上であっても，同年齢の子どもが通常知っているようなことを知らなかったりする反面，特定の領域に関することでは，大人顔負けの知識を有していることも少なくない。子どもの支援や指導を行う時，このような興味の偏りを理解したうえ

で，子どものプラスの面にも着目し，得意な分野を自信に変えることができるよう配慮したい。

②情報の関連づけや統合の苦手さ

　私たちは，新しいことを経験したり学習したりする時，それらを単独の事象として獲得するだけでなく，既知の事柄をリンクさせながら理解を深めていく。自閉スペクトラム症は，知識の積み上げができても，知識同士の適切なネットワーク作りが苦手である。一つひとつのパズルのピースは正確にとらえることができたとしても，それらをどのように組み合わせ，どのような全体像ができあがるかといった理解が難しい。コミュニケーションの困難も相まって，複数のメンバーによる自由な会話場面などでは平易な言葉しか使わなかったとしても，会話の内容が十分に理解できないということが生じやすい。教師は，教科学習においても生活行動面での支援においても，部分的な情報を適切に関連づけて理解させることを心がける必要がある。

③実行機能の弱さ

　実行機能（executive functions）とは，特定の目標に向けて行動する時に，その行動を効率的に無駄なく円滑に遂行するための高次機能だといえる。例えば，夕飯の支度をする時のことを考えてみよう。通常，献立はいくつかの料理（主食，汁物，主菜，副菜など）から成る。これらを一品ずつ仕上げていくのでは時間がかかりすぎるため，同時並行で調理していく必要がある。まず着手する前に何から始めるか，何と何を同時に行うかなど段取りをイメージするであろう（**プランニング**）。また，途中でテレビ番組に気をとられることのないように気をつける必要がある（衝動性や注意の制御）。料理をしている最中に玄関のベルが鳴ればその応対をした後で，作業の続きに適切に戻らなければならない（**ワーキングメモリー**）。もし不測の事態として料理を失敗して焦がすようなことがあれば，その料理を食卓に出すか出さないか決めたり，他にどのような献立を追加すればよいか考えたりする必要も出てくる（思考の柔軟性，意思決定）。このように，ひとつの目標（夕飯を作る）に向かって円滑に行動するには，実行機能を働かせることが重要なのである。

　この実行機能の弱さは，ADHD 等の他の発達障害においても見られるが，自閉スペクトラム症の場合は，切り替えの悪さや固執傾向，**シングルフォーカス**[*3] によって行動が円滑に遂行されないことが多い。

④感覚の特異性（感覚過敏・感覚鈍麻）

　自閉スペクトラム症では，感覚刺激に対する過敏さや鈍感さが現れることが少なくない。例えば聴覚刺激に対する過敏としては，大きな音や反響音を嫌がることがある。学校生活の中では，体育館の中でマイクを使った教師の話を聞かなければならない時に大きなストレスを感じる子どもがい

*3　**シングルフォーカス**とは，自閉スペクトラム症の特性のひとつで，複数の事柄に注意を向けることができず，ひとつの事柄だけに注意の焦点を当てることを指す。

　例えば，「先生が話している時は，先生の顔を見なさい」と指示した時に，教師の顔に視線を向けることだけに集中し，同時に教師の話に耳を傾けて内容を理解するということができなくなることがある。

る。また，徒競走のピストルの音や大きな音量のせわしない音楽を終日聞くことがつらくて運動会を欠席した子どももいる。聴覚の過敏は小さな音にも現れる。例えばエアコンや教室のプロジェクターの動作音などは，通常，気にも留めないささやかな音であるが，聴覚過敏を持つ者にとってはその場にいることが苦痛に思えるほどの刺激となることがある。

触覚の過敏性もよく報告される。特定の触覚刺激（例：砂のザラザラした感触，糊のベタベタした感触，帽子や上履きの窮屈なゴムの感触，Ｔシャツの襟元のチクチクした感触等）を嫌がり，活動を拒否したり靴や服を脱いだりといったことがある。また，プールに入る時のシャワーの刺激が強すぎて痛みを感じることもある。気圧の変化や湿度や温度の変化にも敏感で体調不良を起こす場合がある。触覚刺激への敏感さは嗅覚の敏感さも伴って偏食の一因になることも多い。

その一方で，感覚刺激に鈍感さが見られることもあり，刺激を求めて自己刺激行動（爪噛み，指しゃぶり，抜毛等）を繰り返すこともある。

感覚の特異性は集団活動の参加を難しくする。他児と同じ活動であっても多大な負荷がかかっている可能性があるため，教師は日々の行動観察から子どもの感覚の特異性をしっかりと把握して対応するとよい[*4]。これらの過敏性は，我慢や慣れでは解決できるものではないことを心に留める必要がある。

*4　感覚刺激を和らげるためのツールを上手に使用することも大切である。例えば，聴覚刺激を和らげるものにはイヤーマフや耳栓がある。また，視覚過敏への支援として紙と文字（イラスト）のコントラストを和らげるカラーシート等がある。

3．自閉スペクトラム症（ASD）の支援

以下に支援のポイントを示すが，冒頭でも述べたように「スペクトラム」の名称どおり状態像や知的能力の水準はさまざまである。画一的な支援ではなく個々のニーズに即した対応を心がけたい。

（1）環境や活動の構造化

自閉スペクトラム症の子どもの集団活動への適応を高めるためには，苦手とする「予想外の出来事」に不意打ちをされないよう環境や活動内容を**構造化**しておくとよい。環境や活動を体系的，組織的に整理することで，見通しが持てるようになり集団参加の負担が軽減される。構造化の例としては，活動の動線と内容を考えて教室環境を整えることや，活動の内容や手順を可視化できるようイラストや文字でリストを作成することが挙げられる。

（2）ソーシャルスキルトレーニング（SST）

自閉スペクトラム症のコミュニケーションの苦手さを補う方法に，**ソーシャルスキルトレーニング**がある。ソーシャルスキルとは，社会生活を営むうえで必要な技能を指すが，ここでは主に他者と円滑にコミュニケーションをとるための技能や知識と考えるとよい。通常，あえてトレーニングしなくても，集団生活の中でさまざまな体験を積むことでソーシャルス

キルは鍛えられていくが，自閉スペクトラム症の子どもはそこに困難さがあるため，やりとりのポイントを指摘したうえで系統立てて学習を促していく。ソーシャルスキルトレーニングの方法はいくつかあるが，代表的なものに**モデリング**（**観察学習**）による方法がある（**図3.10.1**）

0
・**ウォーミングアップ**
・参加しやすくするため手遊び歌やクイズでウォーミングアップを行う

1
・**インストラクション**
・学習するスキルのポイントの説明

2
・**モデリング**
・教師によるやりとり（モデル）を観察させて良い点，悪い点を考える

3
・**リハーサル**
・実際に子ども自身がスキルを駆使してやりとりをしてみる

4
・**フィードバック**
・子どものパフォーマンスについて評価・助言する

5
・**般化**
・子どもの日常生活の中でスキルを活用できるようにする

図3.10.1　ソーシャルスキルトレーニングのプロセス

　自閉スペクトラム症の子どもは，集団行動が主となる学校生活に困難を抱えることが多いが，適応を促すだけでなく，その子どもの特性を十分に理解し，強みとなる能力を伸ばすことに留意することが大切である。

[小林　玄]

3.11 注意欠如・多動性障害(ADHD)

　もし授業中，生徒が活動に不必要な離席をしばしば行ったり，教師の指示をいつも聞きもらしていたりしたら，その生徒にどのような印象を持つだろうか。また，不躾に会話に割って入ったり作業の邪魔をしたりする生徒についてはどうだろうか。おそらく不真面目な生徒，あるいはマナーや躾が身についていない傍若無人な生徒だと思うのではないだろうか。

　注意欠如・多動性障害は，注意を適切な対象に向け続けることの困難や多動傾向や衝動性の高さなどに現れる行動制御の困難をもつ発達障害である。問題となる行動は，親の躾が行き届かないからではなく，その子どもがとりわけ無礼なわけだからでもない。この節では，発達障害の中でも行動上に問題が現れる注意欠如・多動性障害（ADHD）について解説する。

1. 注意欠如・多動性障害（ADHD）の定義

①文部科学省による定義

> **注意欠陥[*1]／多動性障害(ADHD)の定義**〈Attention-Deficit/Hyperactivity Disorder〉
> 　ADHD とは，年齢あるいは発達に不釣り合いな注意力，及び／又は衝動性，多動性を特徴とする行動の障害で，社会的な活動や学業の機能に支障をきたすものである。また，7 歳以前に現れ，その状態が継続し，中枢神経系に何らかの要因による機能不全があると推定される。

（出所）平成 15 年 3 月「今後の特別支援教育の在り方について（最終報告）」参考資料より

*1　文部科学省が上記の定義づけを行ったのは 2003 年であるが，その後 2014 年以降は「注意欠陥」を「注意欠如」と表記するようになった。

　この定義から，**注意欠如・多動性障害**も，発達障害に含まれる他の障害と同様，中枢神経系の何らかの機能不全が原因であり，保護者による躾の不備などの後天的な問題ではないことが明示されている。

②アメリカ精神医学会の診断マニュアル（DSM-5）による定義

　注意欠如・多動性障害は，改訂前の DSM-IV においては，破壊的行動障害の枠組みでとらえられていたが，DSM-5 では限局性学習障害（SLD）や自閉スペクトラム症（ASD）と同様に神経発達障害のカテゴリーに位置づけられている。

　また，DSM-5 への改訂により，発症年齢も「7 歳以前」から「12 歳以前」に引き上げられた。このことによって学齢期以降に聞き漏らしや整理整頓の困難が顕著になる事例などが見落とされにくくなったと言える。さらに，それまで認められなかった自閉スペクトラム症との併存した診断が可能になったため，より子どもの実態がとらえやすくなった。

注意欠如・多動症／注意欠如・多動性障害〈Attention-Deficit/Hyperactivity Disorder〉

A．（1）および／または（2）によって特徴づけられる，不注意および／または多動性─衝動性の持続的な様式で，機能または発達の妨げとなっているもの。

（1）不注意：以下の症状のうち６つ（またはそれ以上）が少なくとも６カ月持続したことがあり，その程度は発達の水準に不相応で，社会的および学業的／職業的活動に直接，悪影響を及ぼすほどである。

　（a）学業，仕事，または他の活動中に，しばしば綿密に注意することができない，または不注意な間違いをする。

　（b）課題または遊びの活動中に，しばしば注意を持続することが困難である。

　（c）直接話しかけられたときに，しばしば聞いていないように見える。

　（d）しばしば指示に従わず，学業，用事，または職場での義務をやり遂げることができない。

　（e）課題や活動を順序立てることがしばしば困難である。

　（f）精神的努力の持続を要する課題に従事することをしばしば避ける，嫌う，またはいやいや行う。

　（g）課題や活動に必要なものをしばしばなくしてしまう。

　（h）しばしば外的な刺激によってすぐ気が散ってしまう。

　（i）しばしば日々の活動で忘れっぽい。

（2）多動性および衝動性：以下の症状のうち６つ（またはそれ以上）が少なくとも６カ月持続したことがあり，その程度は発達の水準に不相応で，社会的および学業的／職業的活動に直接，悪影響を及ぼすほどである。

　（a）しばしば手足をそわそわと動かしたりトントン叩いたりする。またはいすの上でもじもじする。

　（b）席についていることが求められる場面でしばしば席を離れる。

　（c）不適切な状況でしばしば走り回ったり高い所へ登ったりする。

　（d）静かに遊んだり余暇活動につくことがしばしばできない。

　（e）しばしば「じっとしていない」，またはまるで「エンジンで動かされるように」行動する。

　（f）しばしばしゃべりすぎる。

　（g）しばしば質問を終わる前にだし抜けに答え始めてしまう。

　（h）しばしば自分の順番を待つことが困難である。

　（i）しばしば他人を妨害し，邪魔する。

B．不注意または多動性─衝動性の症状のうちいくつかが12歳になる前から存在していた。

C．不注意または多動性─衝動性の症状のうちいくつかが２つ以上の状況において存在する。

D．これらの症状が，社会的，学業的または職業的機能を損なわせているまたはその質を低下させているという明確な証拠がある。

E．その症状は，統合失調症，または他の精神病性障害の経過中にのみ起こるものではなく，他の精神疾患ではうまく説明されない。

（出所）American Psychiatric Association（2014：30-32）より作成

2．注意欠如・多動性障害（ＡＤＨＤ）の特性と状態像

（1）障害特性による３つの類型

　注意欠如・多動性障害は，DSM-5 の A で示された２つの障害特性から，混合型も含め３つに類型化される。

①不注意優勢型

　不注意の問題が主となるタイプであり，目立った行動につながりやすい多動性や衝動性の高さが見られないため困難さへの気づきが遅れる場合がある。学業不振の問題をもつことも少なくないが，原因は理解力の低さではなく，不注意による誤った学習やケアレスミスによるテストでの失点であることが多い。また，忘れ物や落とし物が多いため，必要な持ち物がそ

ろわず，授業への参加に支障が出る場合もある。

②多動性－衝動性優勢型

多動傾向が強かったり**衝動性**が高かったり行動制御の問題が主となるタイプである。多動傾向の強さは，しばしば自席で椅子をガタガタ揺らす，貧乏ゆすりをする，勝手に離席するなどの行動に現れる。周囲の状況を考えずしゃべりだしたら止まらないこともある。また，衝動性の高さは，教師が指示を言い終わらない前に行動を始めてしまったり，会話に割って入ったり，順番を守らず横入りしたりといった行動につながることが多い。

学校生活においてこのような行動が頻発すると，集団活動はしばしば中断を余儀なくされるであろう。不注意優勢型の子どもと比較すると，問題に気づかれやすいタイプであるといえるが，その反面，障害特性ゆえの困難と理解されず，保護者の育て方が原因だと思われ，適切な支援につながるまでに時間を要することも多く注意が必要である。

③混合型

不注意と多動性・衝動性の高さの両方の障害特性を併せ持つタイプであり，3つの類型の中で最も出現率が多いとされる。

不注意な状態で落ち着かない行動をとったり，衝動性が高く，時間管理や金銭管理が苦手であったり，集団生活で多くの困難を抱えやすいタイプといえる。そのため学校生活では叱責を受けることが多く，失敗経験も重ねやすいため，劣等感や自信喪失などの**二次的な障害**[*2]が生じやすい。思春期以降は，困難さへの防衛手段として反抗的な態度をとる場合もあるが，行動を表層的にとらえることなく，障害理解に根差した対応を行うことが重要になる。

（2）困難さの背景となる要因

①選択的注意の困難

注意欠如・多動性障害の子どもは注意の焦点を特定の対象に当て続けるのが困難である。刺激が統制されている場所（例：静かな図書室など）でも困難さは生じるが，学校のような集団活動の場では，視覚的にも聴覚的にも多くの刺激が集中を妨害しさらに困難さを極めることになる。

通常，私たちは複数の刺激を上手に取捨選択し，最も重要な情報だけに注意の焦点を当てながら生活している。これを**選択的注意**という。例えば立食式のパーティーを考えてみよう。たくさんの人が会話を交わしているパーティー会場は，ざわざわと聴覚的刺激にあふれている。しかし，目の前の人物と話をする際，その人の声や話す内容に注意の焦点を当てるため，周囲の話し声や物音はあまり気にならないだろう。これは，カクテルパーティー効果と呼ばれる選択的注意の一例である。

注意欠如・多動性障害の子どもは，この選択的注意が働きにくいため，

*2　注意欠如・多動性障害の障害特性に起因する問題（不注意や多動など）は一次的な障害といえる。しばしば，一次的な障害が環境等の要因と絡んで新たな問題（自信喪失，学習意欲の低下，不登校等）を生じさせることがある。これを二次的な障害という。教育現場では，一次的な障害のアセスメントを早期に行い，適切な支援方針を定め，二次的な障害が発生するのを極力防ぐ必要がある。

目の前の人物の話に集中したくても，近くにいる別の人物の話している内容に注意の焦点が当たってしまったり，物音がした時に，容易にそちらに注意が逸れたりしてしまう。

　そのような困難さを有していない子どもでも，授業の内容から注意を逸らすことはあるが，これは注意欠如・多動性障害の子どもの場合とは事情が異なる。困難さを有していない子どもの場合は，例えば，授業の内容よりも隣席の友人の私語の方が面白そうだと判断すれば，自らそれを選択してそちらに焦点を移すことができる。しかし，注意欠如・多動性障害の子どもは，友人の私語に耳を傾けたとしても，校庭から歓声が聞こえてくればそちらに気を取られ，また廊下で物音がすればそちらに注意の矛先が向く，というように自分の意に反して注意が転導してしまうのである。

　また，外的刺激（周囲の物音等）によって注意が転導しなくても，活動が単調だったり長時間にわたったりすれば，対象から注意が逸れて頭の中で他のことを考え始めてしまうこともある。

②ワーキングメモリーの弱さ

　ワーキングメモリーとは，何らかの情報を短時間記憶にとどめながら同時に操作を行う処理過程を指す。16 ＋ 27 のような繰り上がりのある足し算を暗算で行う場合を考えてみよう。まず，計算が終了するまで 16 ＋ 27 という式を頭にとどめておく必要がある。そのうえで手始めに一の位の 6 ＋ 7 を行う。もし 6 ＋ 7 の答えを暗記していなければ，6 の「10 の補数」である 4 を 7 から引いて 6 と足し合わせ 10 のまとまりを作り 7 から 4 を引いた残りの 3 という数を想起して 10 に加え 13 とするという作業をしなければならない。次に 13 の十の位である 10 を繰り上げて，16 の 10 と 27 の 20 と合わせて 40 とする。先ほどの一の位の 3 を思い出して足すことにより 43 という答えを得ることができる。諸々の数字を忘れないようにしながら計算を手順どおりに進めていく。これがワーキングメモリーの働きである[*3]。

　ワーキングメモリーには，**視覚的ワーキングメモリー**と**聴覚的ワーキングメモリー**がある。例えば図や文字などの目から入った情報であれば，それを頭の中の架空のメモ帳（またはスケッチブック，ホワイトボード等）にそのまま書き付けて記憶にとどめる方法がある。耳から入った言語的な情報であれば繰り返し口で唱えることで聴覚的なイメージを保持し，忘却を抑止することができる。これらの情報が，中央実行系と相互に作用し注意を制御したり処理資源を配分したりして高次の認知活動を司ると考えるのがワーキングメモリーモデルである（**図 3.11.1**）。

　注意欠如・多動性障害の子どもは，このワーキングメモリーの働きに弱さがある。注意の困難さがあるため，一度に十分な量の情報を保持できず，また情報を記憶し続けながら何らかの操作を同時に行うことも難しい。

*3　知的能力が標準以上であっても，いつまでも指を使って計算する子どもがいる。そのような場合は，指で計算することを禁止する前に，その子どもにワーキングメモリーの弱さがないか丁寧な実態把握を心がけることが大切である。

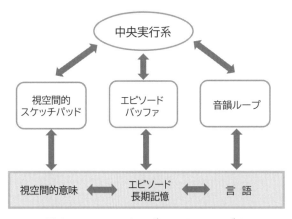

図 3.11.1　ワーキングメモリーのモデル
(出所) Baddeley（2000）

マナーを教えても繰り返し会話に割って入る子どもの中には，このワーキングメモリーの問題を抱えている子どもがいる。もし，マナーに則って会話が一段落するのを待っていたら，待っている間に次々と目や耳に入ってくる情報が話したい内容を頭から押し出してしまい，いざ話そうとした時には話したいことが何であったか思い出せなくなってしまうかもしれない。即時処理をすべく話に割って入ることは，そのような不快な経験を繰り返す中での子どもなりの解決策なのかもしれないのである。

③実行機能の困難

　実行機能とは，ある課題解決を行う際，課題を遂行するための注意の維持，適した方略の選択，効率のよい手順などを踏まえて行動を制御する認知システムのことである。実行機能がうまく働かないと課題解決ができないか，できたとしても効率が悪く時間がかかったり不正確になったりする。

　レポートを作成する時のことを考えてみよう。いきなりパソコンを立ち上げて書こうとしても大概はうまくいかない。まず資料を集め書きたい内容と構成を練る必要がある。レポート作成の段取りが決まったら，構成に従い書き始めるわけだが，書いている間はレポート作成という目標を常に念頭において，メールチェックやレポートとは関係ないサイトの閲覧などは控えなければならない。また，効率を図るため，疲れが溜まっている夜間は避けて，早朝の頭の冴えている時間に執筆を行うという工夫も効果的かもしれない。このような課題遂行のための諸々の戦略は実行機能が司っている。

　実行機能とワーキングメモリーは密接に関わるため，注意欠如・多動性障害の子どもは，実行機能に困難さが生じやすい。課題解決する能力があったとしても，非効率な方略を用いたり，他のことに気が逸れて目的を見失ったりすることが多い。無駄な時間や労力を要するため一つのことを成し遂げるのにかなりの負荷がかかってしまう。

(3) 発達段階ごとの状態像の変化

　注意欠如・多動性障害の子どもは，障害特性そのものに変わりはなくても発達段階によって困難さの表れ方が異なることがある。

①乳幼児期

　この時期は，まだ診断を受けていないことが多いが，幼稚園等の集団活動で多動傾向が目立つことが多い。まだ低年齢のため，不注意（聞きもら

し等）よりも落ち着かなさ（常に身体が動いている，着席していられない等）や，衝動性の高さ（順番が守れない，危険行為につながる思いつきの行動等）から困難さに気づかれることが多い。集団場面や公共の場で大人の指示に従わないことがあるため，保護者が子育てに悩みストレスを溜めることも多い。子どもの行動を制御するために手を上げてしまう例もあるため，**保護者支援**も同時に考えていく必要がある。

②児童期

　学齢期になり学校生活が始まると，行動を集団の基準に調整しなければならないことが増えるため，問題が顕在化しやすくなる。着席を求められる時間も増え，教師の口頭による指示や説明も情報量が増し，注意集中の持続が困難な子どもには負担が大きくなる。小集団での活動では，多動や衝動性の高さから多児のペースに合わせることができずトラブルを起こしやすい。また，忘れ物や落とし物が多いなどの生活面の問題から，だらしがないと見られてしまうこともある。注意欠如・多動性障害の子どもは，他児と比較して行動面で叱責や注意を受けることが多く，また，不注意から学習面でもつまずきが生じやすい。**二次的な障害**を防ぐためにも，その子どもの得意な面を伸ばす教育が必要である。

③青年期

　思春期に入る頃には目立った多動がおさまってくることが多いが，頭の中で思考があちこちに飛ぶなどの傾向は持続する。第二次性徴の発現の時期は身体の大きな変化とともに情緒の不安定さがどの子どもにも生じやすくなるが，セルフコントロールを苦手とする注意欠如・多動性障害の子どもは感情を強く表出して対人トラブルを起こしたり，大人から反抗的と目されたりすることもある。

　自閉スペクトラム症が併存している場合は，多動傾向が落ち着くにつれ，より複雑さを増す思春期の友人関係の中で自閉スペクトラム症の障害特性が目立ち始めることもある。

　青年期も後半になると一人暮らしを始める場合があるが，家事や時間管理など生活全般にわたるマネージメントを円滑に行うことが難しく，学業や仕事などに支障をきたす場合もある。

3．注意欠如・多動性障害（ADHD）の支援

（1）環境の整備

　子どもの注意を転導させる要因を学習環境からできるだけ排除することが望ましい。聴覚的な情報であれば，授業を行っている教師の声に集中できるよう，周囲の子どもの私語をなくしたり，校庭や廊下からの物音を減じるために戸や窓を閉めたりするとよい。視覚的な情報であれば，黒板に授業内容以外の情報は記載しない，黒板周辺の壁面にある掲示物を整理し

視界に入る刺激を少なくする*4 などの工夫が考えられる。

　教室内での座席の位置も集中を左右する要因である。どの位置が一番刺激が少なく授業内容にアクセスしやすいのか検討してみるとよい。

　授業としては，口頭による説明を行うときは，一気に長く話し過ぎないこと，キーワードを板書しておくこと，図示するなど視覚的な情報を必ず添えることなどの配慮がよい支援になるであろう。

　環境の調整は，支援を要する当該児童生徒だけでなく，学校生活をともにする他の子どもにもプラスになることが多い。**ユニバーサルデザイン**を意識した授業展開を心がけることが大切である。

（2）行動の調整

　行動の制御は，注意欠如・多動性障害の子どもの大きな課題である。不適切な行動を調整するには，子どもの行動の傾向を把握することが重要である。例えば，離席が多い子どもの場合，離席する度に注意・叱責するのではなく，何をきっかけとして離席しているのか，離席の目的は何なのかを理解することが必要である。ある子どもは，実験器具や教師専用の教具（黒板提示用の大きなコンパス，マグネット等）に注意が向いて離席し，衝動的に教卓に近づくことが度々あった，また，昼休み後の5時間目の時間帯に特に集中が切れやすく離席が増える傾向もあった。もし教師が，これ

目標：授業中，立ち歩かない

	月	火	水	木	金
1	△	○	○	○	△
2	○	◎	◎	◎	△
3	○	◎	○	○	○
4	△	△	○	○	△
5	▼	▼		▼	▼
6	▼	△	▼	▼	
先生からのコメント	お昼休みの後，立ち歩きが少し増えてしまいましたね。でも，計算ドリルにはよく集中していました。	午前中の集中が素晴らしかったです。 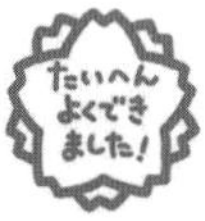 たいへんよくできました！	今日はほとんど立ち歩きがなく，意欲的に勉強していました！ たいへんよくできました！ 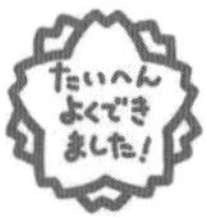	午後は疲れが出てしまったようですね。2時間目の算数はとても積極的に手を上げていましたね。 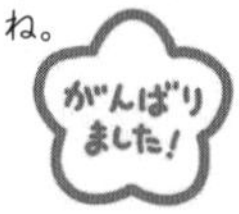 がんばりました！	グループワークでは立ち歩きが出てしまいましたが，活発に発言もしていました。来週も頑張りましょう！

◎...大変よくできました
○...よくできました
△...もう少し
▼...次は頑張ろう

図 3.11.2　行動チェックカードの例

120

らの傾向を把握できれば，「口頭での説明を終えるまでは気を取られやすい教材・教具を提示しないこと」，「提示する時は子どもが離席しないよう事前の指示を出すこと」，「集中を保ちにくい５時間目の時間帯は，授業の展開に緩急をつけ活動を小分けにするなど集中しやすい環境づくりに留意すること」等の支援方針の示唆を得ることができる。

　子ども自身が自分の行動を客観的に把握することも大切である。行動の傾向を知るためには簡単な行動記録をつけるのも一案である。図 3.11.2 は，行動の目標を具体的に立てたのち，行動評定の記号を用いて評価を行っている。▼印や◎印が１日のどの時間帯に現れやすいか，１週間の流れの中ではどうか等，行動評定を可視化することで自分の行動の傾向を理解でき，行動を調整する意識につながる。行動の評価は，時間をおかず即時が望ましい。また，評価は子どもに一任せず教師と一緒に行い，教師は併せて具体的な助言[*5]や前向きなコメントを伝えるとよいだろう[*6]。

（3）医療的アプローチ

　注意欠如・多動性障害の子どもの中には，医療機関で**薬物療法**を受けている場合がある。現在，日本で ADHD の治療薬として承認されているものはコンサータ，ストラテラ，インチュニブ（いずれも商品名）の３つである。脳の神経伝達物質に作用し情報処理を円滑にする効果があるとされるが，子どもによって薬効は異なり，副作用が強く出てしまう場合もあるため注意が必要である。服薬について学校側も把握し，宿泊行事等では養護教諭が薬の管理を行う場合もある。

　また，これらの薬は，服薬を継続すれば自然と障害が改善されるというものではなく，薬の効果があり行動を制御しやすい状態の間に，いかに成功経験を与えるかが活用のポイントとなる。そのため，「子どもが薬を飲んでいる日は支援が必要ではない」のではなく，「薬が効いている日にどのように成功経験をさせたらよいか」を考えることが重要である。その意味で，教育と医療は，車の両輪のように連携して一人の子どもをサポートする必要がある。

　注意欠如・多動性障害の子どもの中には，ユニークな発想やアイディアを豊富に持っている場合がある。子どもの支援計画や指導計画を立案する時に，本人を蚊帳の外におくのではなく，本人のニーズや改善のためのアイディアをしっかり聴き取って計画に反映させていくことが大切である。

〔小林　玄〕

*5　指示を与える時は，あいまいな表現ではなく具体的に伝える方が行動調整につながりやすい。（例：「ちゃんと座りなさい」ではなく「椅子の座面からお尻が浮かないように座りなさい」等）また，ほめる時も注意する時もできるだけ即時に伝えると何に対しての評価や注意なのかが子どもに伝わりやすい。「具体的かつ即時に」がポイントとなる。

*6　図 3.11.2 では，行動の制御がうまくできた日は，教師のコメント欄に，スタンプを押している。このスタンプを一定数集めると何か励みになるようなご褒美が与えられるようにする方法をトークンエコノミー法という。モチベーションの向上につながりやすい。ただし，短絡的に外発的動機づけに頼るのではなく，子どもが自主的に自分の行動を制御できたという手応えを実感させることを大切にしていきたい。

3.12 障害はないが特別の教育的ニーズのある子どもの把握や支援

　障害はないが特別の教育ニーズのある幼児，児童および生徒（以下，子ども）とは具体的には誰をさすのであろうか。本節では，通常学級の在籍者のうち，特別の支援を必要とする子どもについて，性的マイノリティの子どもと海外とつながりのある子ども*1 に焦点をあて，学校や教員はどのようにして子どもの実態を把握し，支援が可能であるかを検討する。

*1　この両者については，2019年3月の国連子どもの権利委員会による「日本の第4回・第5回統合定期報告書に対する総括所見」(CRC/C/JPN/CO/4-5) パラグラフ 18 において，「(c) とくに民族的マイノリティ（アイヌ民族を含む），被差別部落出身者の子ども，日本人以外の出自の子ども（コリアンなど），移住労働者の子ども，レズビアン，ゲイ，バイセクシュアル，トランスジェンダーおよびインターセックスである子ども，婚外子ならびに障害のある子どもに対して現実に行なわれている差別を減少させかつ防止するための措置（意識啓発プログラム，キャンペーンおよび人権教育を含む）を強化すること」と言及された。子どもの権利条約第2条差別の禁止に関して，国際的にも早急な対応が望まれている。

1. 性的マイノリティ

(1) 性的マイノリティとはだれか

　生物学的な性 (sex) は，性染色体や外性器・内性器等から決定される。生物学的な性はいわば身体の性である。これに対し，社会的な性である**ジェンダー** (gender) は，社会的性役割や性自認から構成される。性自認は心の性とも呼ばれる。

　電通ダイバーシティ・ラボが実施した「**LGBT 調査 2018**」によれば，LGBT 層は 8.9%，LGBT（レズビアン，ゲイ，バイセクシュアル，トランスジェンダー）という言葉の浸透率は 68.5% である。この調査は，全国 20−59 歳の 6 万人を対象とし，2018 年 10 月にインターネットで行ったものであり，セクシュアリティを「身体の性別」「心の性別」「好きになる相手・恋愛対象の相手の性別」の 3 つの組み合わせで分類，電通独自の「セクシュアリティマップ」を元に LGBT 層を析出したものである（**図 3.12.1** の 2 と 10 以外）。

　8.9% という数字を学校にあてはめてみると，1 クラスに LGBT 層の子どもが数名いるということになる。通常学級に在籍する発達障害の可能性のある子どもよりも多い割合である。

　ところでこの 8.9% の中には「**クエスチョニング** (Q)：自分の性自認や性的指向を決められない・決まっていない人」やその他も含まれている。

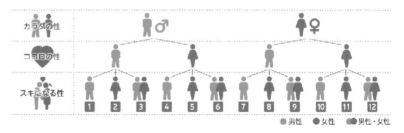

Lesbian: 5 11　　　　Gay: 1 7
Bisexual: 3 6 12　　Transgender: 4〜9　　Straight: 2 10

図 3.12.1　DDL 作成の「セクシュアリティーマップ」
（出所）電通ダイバーシティ・ラボ（2019）

ヒューゲルは「クエスチョニング（迷っている）の人は，まだ自分の性的指向や性自認がはっきりしていない人」であるとして，「自分がまだ迷っている段階であると認めることは，性的指向をすぐに決めなくてはならないというプレッシャーから解放される」ことでもある，と指摘する（ヒューゲル 2011：11）。子どもが性的な面でも発達途上であることを鑑みれば，まずは「迷っている状態」を受け止めることが肝要である。

　なお，国際社会では，特定の人を示す LGBT という言葉に対し，**SOGI**という用語を用い始めている。ソギ／ソジ（SOGI：Sexual Orientation & Gender Identity）性的指向・性自認は，異性愛や身体と心の性が一致している人も含め，すべての人の属性を示す。この言葉は，主に人権保障の観点から使われてきたものである。国連人権理事会は 2007 年，SOGI などの属性による差別は人権侵害であることを明記した「ジョグジャカルタ原則」を承認。2016 年には，「性的指向と性自認を理由とする暴力と差別からの保護」決議を採択した。

(2) 性的マイノリティの子どもが直面する困難とその支援

　性的マイノリティの子どもが直面する困難にはどのようなものがあるだろうか。

　性同一性障害（Gender Identity Disorder：GID）[2]は，「身体の性」と「心の性」が一致しないため，自分の身体に対し，性別違和感をもつ。2009年までに岡山大学病院ジェンダークリニックを受診した性同一性障害の当事者 1,167 名のうち，性別違和感を持ち始めた時期に関して，半数以上が「物心ついた頃から」と回答しており，中学生までに約 9 割が性別違和感を持っていた。二次性徴が始まる小学高学年〜中学生の頃には，性別違和感が明確となっていることがわかる（中塚 2015）。

　この時期に性同一性障害の当事者が直面した困難としては，自殺念慮が58.6%，不登校 29.4%，自傷・自殺未遂 28.4%，精神科合併症 16.5% となっており，二次性徴による身体の変化への焦燥感に，制服や恋愛の問題が加わり自殺念慮が高くなっていることが指摘されている（中塚 2010）。

　日本国内に在住している LGBT 当事者約 1 万 5 千人を対象にした「LGBT 当事者の意識調査」によると，小中高校において約 6 割がいじめを経験している。被害経験のある者のうち「ホモ・おかま・おとこおんな」などの言葉によるいじめの被害率は 63.8%，服を脱がされるいじめ被害率は 18.3% に及んでいる（日高 2017）。

　2017 年 7 月 25 日に閣議決定された「自殺総合対策大綱〜誰も自殺に追い込まれることのない社会の実現を目指して〜」は自殺対策基本法に基づき策定されたものである。大綱では性的マイノリティが自殺念慮の割合等が高いことを指摘し[3]以下のように「無理解や偏見等がその背景にある社会的要因の一つである」という認識を示し，特に教職員に対する普及

*2　2003 年に議員立法によって制定された「性同一性障害者の性別の取扱いの特例に関する法律」によれば，性同一性障害とは，「生物学的には性別が明らかであるにもかかわらず，心理的にはそれとは別の性別（以下「他の性別」という。）であるとの持続的な確信を持ち，かつ，自己を身体的及び社会的に他の性別に適合させようとする意思を有する者であって，そのことについてその診断を的確に行うために必要な知識及び経験を有する二人以上の医師の一般に認められている医学的知見に基づき行う診断が一致しているもの」をいう。

*3　ゲイ・バイセクシュアル男性の自殺未遂リスクは異性愛の男性と比較して 5.98 倍高いという調査結果（Hidaka et al., 2008）も出ている。

啓発により理解促進を求めている。

---

4. 自殺対策に係る人材の確保，養成及び資質の向上を図る
（4）教職員に対する普及啓発等
児童生徒と日々接している学級担任，養護教諭等の教職員や，学生相談に関わる大学等の教職員に対し，SOS の出し方を教えるだけではなく，子どもが出した SOS について，周囲の大人が気づく感度をいかに高め，また，どのように受け止めるかなどについて普及啓発を実施するため，研修に資する教材の作成・配布などにより取組の支援を行う。自殺者の遺児等に対するケアも含め 教育相談を担当する教職員の資質向上のための研修等を実施する。また，自殺念慮の割合等が高いことが指摘されている性的マイノリティについて，無理解や偏見等がその背景にある社会的要因の一つであると捉えて，教職員の理解を促進する。【文部科学省】

（出所）自殺総合対策大綱（2017 年閣議決定）より一部抜粋

(3) 見えなくても「いる」ということ

　クラスに 2，3 人は存在すると思われる性的マイノリティの子どもであるが，自分のセクシュアリティについて悩むこと，周囲に相談することに不安を抱える子は多い。それは，「身体の性と心の性が一致すること」「異性を愛すること」が当たり前だと考えられている家庭や学校，社会の狭間でよりいっそう深刻さを増していく。自分の性や恋愛について語りにくい空気のなかで，性的マイノリティの子どもはマジョリティに気づかれまいとして，よりいっそう見えにくくなっていく。

　このことに対し，教員は「性的マイノリティの子どもが必ずクラスにいる」ことを前提として授業や生徒指導に取り組む必要がある。教育行政による取り組みは性同一性障害の子どもに対する支援から，広く性的マイノリティの子ども全般へと拡大しつつある。

　2010 年，埼玉県内で性同一性障害と診断された小学 2 年生男児が，年度途中の 2 学期から女児としての登校を認められた。学校長と学級担任が医師と面会し，「本人が悩んでいるので，早く解消してもらえるようにしてほしい」という見解をふまえ，「子どもの気持ちを最優先に考えたい」として，2 学期から女児として登校することを認めた（2010 年 2 月 13 日付 朝日新聞）。9 月 1 日の始業式では校長から全校児童を前に説明がなされ，その後大きな問題は生じていないという。

　中学校でも，同様のケースが生じた。鹿児島市内の公立中学校が，性同一性障害と診断された中 1 女子生徒に対し，2010 年 4 月から男子の制服で登校することを認めた。専門医による「女性として学校生活を送ることの苦痛がある。男子制服を着用することが，学校生活の適応のために必要だと判断する」という見解をふまえ，男子制服での通学を認め，本名ではなく男性としての俗名を男子名簿に載せることとした。校長は「診断書には重みがある。学校外から批判が来るかもしれないが，子どもを守るため

に決断した」と語った（2010年2月27日付 朝日新聞）。

　これらの現実を踏まえ，文部科学省は2010年「児童生徒が抱える問題に対しての教育相談の徹底について（通知）」を事務連絡として発出し，性同一性障害に係る児童生徒については，その心情等に十分配慮した対応を要請してきた。

　2014年6月には，性同一性障害の児童生徒に関する全国調査を実施した。性同一性障害の子どもは小中高で少なくとも606名，そのうち学校が特別な配慮をしているのは約6割の377名であった。

　この過程おいて「悩みや不安を受け止める必要性は，性同一性障害に係る児童生徒だけでなく，いわゆる「性的マイノリティ」とされる児童生徒全般に共通するものであること」が明らかとなり，「自殺総合対策大綱」*4（2012年8月28日閣議決定）を踏まえて，2015年4月30日に「性同一性障害に係る児童生徒に対するきめ細かな対応の実施等について」（27文科初児生第3号）により，教職員の適切な理解の促進を求めている。

　表3.12.1からは，学校生活全般において特別なニーズがあり，それに対する支援が求められることがわかる。これは性同一性障害の児童生徒を例にしたものであるが，そのほかの性的マイノリティに対しても個別の対応が求められよう。教員が，個別のニーズを把握し支援を考えるとき，重要となるのは教員の内にある**アンコンシャス・バイアス**である。アンコンシャス・バイアスは「無意識の偏見」と言われる。ふだんから「女の子はこうであるべき」「男の子は泣かない」などといった発言はしないように気にかけている教員であっても，授業参観で，父親の姿も見られるにもかかわらず，保護者に対して「お母さん」を連呼する場面がみられる。

　このようなアンコンシャス・バイアスがあることをまず自覚したうえで，教員の対応として第一に重要なことは，性的マイノリティの子どもか

*4　自殺総合対策大綱は，自殺対策基本法に基づき2007年6月に初めて策定された。その後，2008年10月に一部改正，2012年8月に全体的な見直しが行われた。2012年の大綱はおおむね5年を目途に見直すとされていたことから，2017年7月に「自殺総合対策大綱～誰も自殺に追い込まれることのない社会の実現を目指して」が閣議決定された。

表3.12.1　性同一性障害に係る児童生徒に対する学校における支援の事例

項目	学校における支援の例
服装	自認する性別の制服・衣服や，体操着の着用を認める
髪型	標準より長い髪形を一定の範囲で認める（戸籍上男性）。
更衣室	保健室・多目的トイレ等の利用を認める。
トイレ	職員トイレ・多目的トイレの利用を認める。
呼称の工夫	校内文書（通知表を含む。）を児童生徒が希望する呼称で記す。自認する性別として名簿上扱う。
授業	体育又は保健体育において別メニューを設定する。
水泳	上半身が隠れる水着の着用を認める（戸籍上男性）。補習として別日に実施，又はレポート提出で代替する。
運動部の活動	自認する性別に係る活動への参加を認める。
修学旅行等	1人部屋の使用を認める。入浴時間をずらす。

（出所）文部科学省（2015）

らの相談を受け止めることができるかであろう。そのためには何か特別なスキルが必要というわけではない。ふとした子どもの変化に気づくことができているか，子どものつぶやきに耳を傾けることができているか，日常の些細な出来事に教員がどう向き合っているかが問われる。

　幼児期には遊びを通してジェンダーが刷り込まれないような配慮が求められる。小中学校では，学級文庫に性的マイノリティに関する書籍や絵本を置く，教室にポスターを掲示するなどして，相談行動を促す環境醸成も重要であろう。一方，思春期以降には，性的マイノリティの子どもの自殺率が高いことを念頭に置きつつ，子どもがどのような支援を望むのかを，子どもとともに具体的に話し合っていくことも考えられる。

2．海外とつながりのある子ども

(1) 海外とつながりのある子どもとはだれか

　法務省「在留外国人統計」によれば，2018年12月在留外国人は273万1,093人で過去最高を記録した。そのうち在留統計上の年齢区分である19歳以下の在留外国人数は34万8,541人である。国籍・地域としては，中国・韓国・ベトナム・フィリピン・ブラジルが多くこの5か国で在留外国人全体の7割を超える。在留資格別では永住者が最も多く約77万人であり，留学，技能実習と続く。また，無国籍者は676人であり，このうち19歳以下は259人であった。

　海外とつながりのある子どもの中には，日本語を母語としない子どもがいる。文部科学省「日本語指導が必要な児童生徒の受入状況等に関する調査（平成28年度）」によると，日本語指導が必要な外国籍の児童生徒数は34,335人で前回調査より5,137人増加した。これに対し，日本語指導が必要な日本国籍の児童生徒数も9,612人で前回調査より1,715人増加している。このうち海外からの帰国児童生徒は2,396人（1,535人）で全体の24.9%（19.4%）であり，5.5ポイント増加した。なお，日本語指導が必要な日本国籍の児童生徒には，帰国児童生徒のほかに日本国籍を含む重国籍の場合や，保護者の国際結婚により家庭内言語が日本語以外である者なども含まれる。

　厚生労働省人口動態統計によれば，2017年に日本で生まれた子どものうち約2%は親のどちらかが日本以外の国籍である。このように，何らかのかたちで海外とつながりのある子どもは今後も増えると想定される。彼らはどのような課題に直面しているのだろうか。

(2) 海外とつながりのある子どもをどう把握し，教育を保障するか

　海外とつながりのある子どもが直面している第一の課題は，教育を受ける権利が保障されていないことである[*5]。学校に在籍さえしていない子どもがいるのである。

*5　2017年の「出身国，通過国，目的地国および帰還国における，国際的移住の文脈にある子どもの人権についての国家の義務に関する合同一般的意見」（すべての移住労働者およびその家族構成員の権利の保護に関する委員会の一般的意見4号および子どもの権利委員会の一般的意見23号）によれば，「国際的移住の文脈にあるすべての子どもは，地位の如何を問わず，その子どもが住んでいる国の国民との平等を基礎として，あらゆる段階およびあらゆる側面の教育（乳幼児期教育および職業訓練を含む）に全面的にアクセスできなければならない。」（パラグラフ59）として，教育へのアクセスを保障するよう勧告しており，国際的移住の文脈にある子どもの教育への権利保障は世界的な潮流である。

　2019 年 4 月，外国人労働者の受け入れを増やす改正出入国管理法が施行されたことに伴い，文部科学省は住民基本台帳に記載がある外国人の子どもを対象とした全国調査を実施した。

　2019 年 9 月発表の「外国人の子供の教育の更なる充実に向けた就学状況等調査の実施及び調査結果」によると，日本に住む外国人の子ども約 12 万 4 千人のうち 2 万人が就学していない可能性があることが判明した。うちわけの詳細は，義務教育諸学校に在籍している者が 96,395 人，外国人学校等が 5,004 人，保護者に面会するなどして不就学が確認できたのは 1,000 人，予定を含む転居・出国が 3,047 人，個別訪問時に保護者が不在などで就学状況を確認できなかったのが 8,768 人，住民基本台帳に記載があるが教育委員会が状況を確認していない子どもが 9,886 人であった。

　法的には義務教育の対象外であることから日本語指導の支援が不十分であることはこれまでも指摘されてきたが，状況さえも把握していないケースが際立っている。これまで文部科学省は 2012 年「外国人の子どもの就学機会の確保に当たっての留意点について」（24 文科初第 388 号）において，「外国人の子どもが義務教育諸学校への入学の機会を逸することのないよう，その保護者に対し，従来の外国人登録原票等に代わり，住民基本台帳の情報に基づいて，公立義務教育諸学校への入学手続等を記載した就学案内を通知すること」として就学案内の徹底を呼びかけてきた。しかし，2019 年調査では，外国人の子どもがいる家庭に就学案内を送付していない自治体は 4 割近くにのぼっている。また，入学案内を日本語だけで表記している例もあった。

　このような背景には，外国籍の子どもを就学させる義務を定めた法律がないことが挙げられる。現在，文部科学省は教育機会の確保に向けて施策を検討はしているものの，具体的な対応は自治体に任されている状態にある。しかしながら 1979 年に日本政府が批准した社会権規約では第 13 条 1 項で「この規約の締約国は，教育についてすべての者の権利を認める」としている。また，1994 年に批准した**子どもの権利条約**においても第 2 条で差別の禁止について定めているほか，第 28 条では子どもの教育への権利を認めている。まずは，不就学状態にある外国籍の子どもの状況をより詳細に把握することが肝要である。

（3）言語だけでなく子どもそのものを支える

　すでに通常学級に在籍している子どもはどうであろうか。海外につながりのある子どもが直面することの一つに日本語がある。これまで，日本語指導は，地域によりその体制にばらつきがあった。

　2014 年 4 月，「学校教育法施行規則の一部を改正する省令（平成 26 年文部科学省令第 2 号）」「学校教育法施行規則第 56 条の 2 等の規定による

特別の教育課程について定める件（平成 26 年文部科学省告示第 1 号）」が施行された。これはグローバル化の進展に伴い，義務教育諸学校において帰国・外国人児童生徒等に対する日本語指導の需要が高まっていることを踏まえたものであり，「当該児童生徒の在籍学級以外の教室で行われる指導について特別の教育課程を編成・実施することができるよう制度を整備する」ものである。これにより，海外につながりのある子どもに対し，日本語指導の体制整備を実施していく素地ができた。

　しかし，課題はそれだけではない。いま日本に住んでいる子どもは永住するとは限らない。海外とつながりのある子どものなかにはいずれ母国へ帰る子ども，他国へ移動する子どももいる（山本 2016）。保護者は日本語があまり得意ではなく，母語でしか話せないという場合は，母語の修得をしなければ親子のコミュニケーションができなくなる。子どものキャリア形成を考えると，日本語の学習だけでは十分とはいえない。母語の修得や文化の尊重も大きな課題である。

　言語に加えて，学校と宗教の狭間でも多くの課題に直面している。例えば給食である。アレルギー対応食は多くの学校で導入されているが，宗教に対応した給食は十分ではない。よって，弁当を持参する子どもは少なくない。保育園児や幼稚園児，小学生で学童保育を利用している子どもがいた場合，おやつにも配慮が必要だろう。イスラム教では豚肉と酒が禁じられ，ゼラチン，みりんなど豚や酒が原料となるものも口にできないため工夫が求められる。低年齢ではしない場合も多いが，断食をしている子がいる場合，他の子どもが食事やおやつを食べている間に別室で遊ぶといった工夫もあってよい。

　授業の進め方にも工夫が必要である。多くの小中学校では体育の際に半袖・短パンの体操服を着用するが，宗教によっては肌を見せないように長袖・長ズボンに変えることもありうる。イスラム教徒であれば，水泳やフォークダンスといった男女一緒に行う活動を欠席する可能性がある。宗教規範により芸術に心を奪われてしまうようなことも避けなければないことから，音楽や美術の特定の単元の授業が認められない場合は，図書室など別室で過ごすというケースも検討したい。また，毎日の礼拝をする際には，静かな場所を使えるように空間を確保すること，集団礼拝の際には授業を抜けていくことも考えられる。

　これらのニーズは文化や宗教，宗派によって異なる。すべてのニーズに学校が応えられないこともあるだろう。そこで，子どもと保護者にはどのようなニーズがあり，学校や教員はなにができるのか／できないのかを丁寧に話し合っていく必要がある。

　文部科学省は，「外国につながる子どものための支援する情報検索サイト　かすたねっと」（https://casta-net.mext.go.jp/）を通して，教材・文書

検索ツールや多言語の学校関係支援ツールを提供している。例えば，文書検索で「進路・成績」を選ぶと「都立高等学校の入試の仕組み」があり，日本語にルビをふった文書と中国語，韓国・朝鮮語，英語の文書を見ることができる。言語での検索も可能であり，ベトナム語では神奈川県の「公立高校入学のためのガイドブック」の日本語にルビをふったものとベトナム語のものがある。

しかし，これらを活用するだけでは不十分である。言語や文化・宗教に関する知識の修得も重要ではあるが，教員の内にある異文化に対するアンコンシャス・バイアスもまた，子どもと接するうえで壁になりうる。マイノリティのニーズは時としてマジョリティの目に「わがまま」として映ることがある。これに対し，マイノリティとしては譲れないことも多い。そこに衝突が生じることも多々ある。だからこそマイノリティは差別されてきたのであり，マジョリティの常識で決めつけるのではなく人権の視点で考えていく必要があるといえる。

とはいえ，教育実践的には，マニュアルがあるわけでもなく，教員の支援は手探りで進められている。そこで「**ゆらぎ**」[*6]（尾崎 1999）と直面することも多いだろう。海外とつながりのある子どもや保護者と接する中で，教員が感じる「ゆらぎ」を否定するのではなく，当然直面しうるものとしてとらえることが求められる。学校や教育行政は，知識伝達型だけでなく，「ゆらぎ」をわかちあう形での教員向け研修を実施するなどして，海外につながる子どもの権利保障を基軸として支援の道を模索したい。

3. まとめ

本節では，性的マイノリティの子どもと海外とつながりのある子どもにしか焦点を当てることができなかった。このほかにも，障害はないが特別なニーズのある子どもは多くいる。ただし，それらの子どものニーズは，何らかの「問題」あるいは「問題行動」として認識されるにとどまっており，「ニーズ」としてはとらえられていないのではないか。つまり，「問題のある子ども」の背景には，特別なニーズが潜んでいるともいえる。このようなまなざしとともに，教員は一人ひとりの子どもと向き合っていくことが肝要である。　　　　　　　　　　　　　　　　　　　　[安部芳絵]

[*6]　ゆらぎとは「実践のなかで援助者，クライエント，家族などが経験する動揺，葛藤，不安，あるいは迷い，わからなさ，不全感，挫折感などの総称」である。社会福祉実践はこれらの「ゆらぎ」に直面し，「ゆらぎ」を抱え，「ゆらぎ」という体験から何かを学ぶことによって，その専門性や技術を高めることができるとされており，教員も参考にできる。

【発展問題】

・これまでの自分自身の特別の支援を必要とする子どもとの交流経験もふまえて，本章での「特別の支援を必要とする子ども」の教育的ニーズ，そして実際の支援方法の学びを通して，どのような気づきがあったか話し合ってみましょう。

・通常学級で特別の支援を必要とする子どもが学んでいる場合，どのような支援や配慮が重要になるかを話し合ってみましょう。

・さまざまな障害や困難性のある人がどのように社会参加・自立しているか，調べてみましょう。

・特別支援教育の指導では，子どもたちが自分の良さを知り，自己理解を深めていくことが大切です。そこで，グループになり，相手のいいところを5つ書き出して，理由とともに伝え合いましょう。

コラム　北欧からの示唆③　通常学校主体のインクルーシブ教育をすすめるノルウェー

　ノルウェーは北海油田の資源にも恵まれており，EU に非加盟のまま独自の教育政策を展開している。世界的にインクルージョンがすすみ，可能な限り通常学校で多様な教育的ニーズに応じる仕組みを各国が具体化しているが，その中でも，南北に細長い国土をもつノルウェーは，いち早く 1990 年代に特別な学校を原則「廃止」した。また 0 年生を 1997 年に義務化して 1 年生としたため，1 年から 7 年までの初等教育学校と 8 年から 10 年までの前期中等教育学校が義務教育である。

　ノルウェーでは特別な教育的ニーズに応じる教育を「適応教育 (ノルウェー語：Tilpasset opplæring, 英語：Adapted education)」という独自の表現を用いつつ，通常学校を主体としたインクルージョンを進めている。そのために例えば教育環境開発・分析のための「LP モデル」や適切行動の教示によってより良い学習環境を構築する「PALS モデル」など，全校体制で取り組む研修・指導モデルの研究が大学や研究機関を中心に行われている。研究者や外部専門家との組織的連携による実践モデルは成果が多数示されており，根拠に基づいたインクルーシブ教育のための方法論として参考になろう。

　障害が重度であったり，重複障害があったりしても通常学校内の特別学級が多様な子どもを受けとめる役割を担っている。そのために通常学校に特別教員が配置されていたり，デンマークの PPR と同様に，基礎自治体立の「教育心理サービス (Pedagogisk-psykologisk tjeneste, PPT)」に所属する心理士等が特別な教育の必要性の判断や評価を行うなど，通常学校における特別教育の実践を支援したりしている。そのうえで，専門性が必要ではあるが子どもの数が多くはない視覚障害や聴覚障害等のある子どもへの支援は国立特別教育サービス (Statlig specialpedagogisk tjeneste, Statped) や補助器具センターが国・県レベルで支援する。

　日本の学習指導要領にあたるカリキュラムも通常教育の一つしかないため，通常教育の内容の修得が困難な場合は個別に教育計画が作成される。

　このように特別な学校が存在しない前提でインクルーシブ教育を推進するのは世界的にもイタリアとノルウェーのみである。日本の特別学校就学児童生徒数の増加への対応策として，通常学校がいかにインクルーシブな環境を保障できるかの具体的手立てを学ぶには有益であろう。

[是永かな子]

第4章 特別なニーズ教育を進めるために

▶キーワード

「通級による指導」及び「自立活動」の教育課程上の位置付けと内容，個別の指導計画，個別の教育支援計画，小中学校における校内支援システム・巡回相談，特別支援学校のセンター的機能，障害者権利条約，障害者差別解消法，合理的配慮

　第2章で特別支援教育の制度をみたが，特別なニーズのある子どもに対する教育は，それぞれの場に子どもを「振り分ける」だけでできるものではない。実際には，各機関の中で，あるいは諸機関同士で人的にも，教育の内容の面でもさまざまな連携・協力が行われているだけでなく，障害者をめぐる国際的な動向にも影響を受ける。

　本章では，特別なニーズ教育を進めるために必要な，さまざまなトピックを取り扱う。すぐにすべてを理解するのは難しいと思うけれども，理解できたところを手がかりにして進んでいってほしい。

4.1 「通級による指導」および「自立活動」の教育課程上の位置づけと内容

通常の学級にも障害による学習上・生活上の困難を改善克服する知識，技能等の学び「自立活動」を必要としている子どもがいる。その学びを知ることで，子どもたちの困り感を理解し，適切な支援への道がみえてくる。

1．通級による指導の教育課程

第2章で取り上げたように，通級による指導は，学校教育法施行規則第140条および第141条に基づいて実施される教育形態の一つである。

2017（平成29）年告示の小学校および中学校学習指導要領の総則では，特別な配慮を必要とする児童生徒への指導に関連して，通級による指導について以下のように規定している（引用は，中学校学習指導要領）。

> ウ　障害のある生徒に対して，通級による指導を行い，**特別の教育課程**を編成する場合には，特別支援学校小学部・中学部学習指導要領第7章に示す自立活動の内容を参考とし，具体的な目標や内容を定め，指導を行うものとする。（以下略）

これにより，通級による指導に当たっては，特別支援学校小学部・中学部学習指導要領第7章に示す自立活動の6区分27項目の内容（**表4.1.1**）を参考とし，児童一人ひとりに，障害の状態や特性および心身の発達の段階等の的確な把握に基づいた自立活動における**個別の指導計画**を作成し，具体的な指導目標や指導内容を定め，それに基づいて指導を展開することとなっている。

2．自立活動とは

（1）自立活動の目標と内容

学習指導要領解説（自立活動編）（以下「自立活動解説」と表記）には，**自立活動**の意義として「障害のある幼児児童生徒の場合は，その障害によって，日常生活や学習場面において様々なつまずきや困難が生じることから，小・中学校等の幼児児童生徒と同じように心身の発達の段階等を考慮して教育するだけでは十分とは言えない。そこで，個々の障害による学習上又は生活上の困難を改善・克服するための指導が必要となる。このため，特別支援学校においては，小・中学校等と同様の各教科等に加えて，特に自立活動の領域を設定し，それらを指導することによって，幼児児童生徒の人間として調和のとれた育成を目指しているのである。」と示されている（文部科学省 2018a：21）。

　通級による指導の対象の児童生徒は，通常の学級に在籍しているが，それぞれが有する障害による学習上・生活上の困難の改善・克服のために，特別な教育課程編成を行い，この「自立活動」の学習を行うのである。

　学習指導要領では領域「自立活動」の目標は，以下のように示されている。

　個々の児童又は生徒が自立を目指し，障害による学習上又は生活上の困難を主体的に改善・克服するために必要な知識，技能，態度及び習慣を養い，もって心身の調和的発達の基盤を培う。

　また，自立活動の「内容」は，**表 4.1.1** のとおりである。

　自立活動の内容は，人間としての基本的な行動を遂行するために必要な要素と，障害による学習上または生活上の困難を改善・克服するために必要な要素で構成され，それらの代表的な要素である 27 項目を「**健康の保持**」「**心理的な安定**」「**人間関係の形成**」「**環境の把握**」「**身体の動き**」および「**コミュニケーション**」の６つの区分に分類・整理されたものである。

表 4.1.1　自立活動の内容

１　健康の保持
　(1)　生活のリズムや生活習慣の形成に関すること。
　(2)　病気の状態の理解と生活管理に関すること。
　(3)　身体各部の状態の理解と養護に関すること。
　(4)　障害の特性の理解と生活環境の調整に関すること。
　(5)　健康状態の維持・改善に関すること。
２　心理的な安定
　(1)　情緒の安定に関すること。
　(2)　状況の理解と変化への対応に関すること。
　(3)　障害による学習上又は生活上の困難を改善・克服する意欲に関すること。
３　人間関係の形成
　(1)　他者とのかかわりの基礎に関すること。
　(2)　他者の意図や感情の理解に関すること。
　(3)　自己の理解と行動の調整に関すること。
　(4)　集団への参加の基礎に関すること。
４　環境の把握
　(1)　保有する感覚の活用に関すること。
　(2)　感覚や認知の特性についての理解と対応に関すること。
　(3)　感覚の補助及び代行手段の活用に関すること。
　(4)　感覚を総合的に活用した周囲の状況についての把握と状況に応じた行動に関すること。
　(5)　認知や行動の手掛かりとなる概念の形成に関すること。
５　身体の動き
　(1)　姿勢と運動・動作の基本的技能に関すること。
　(2)　姿勢保持と運動・動作の補助的手段の活用に関すること。
　(3)　日常生活に必要な基本動作に関すること。
　(4)　身体の移動能力に関すること。
　(5)　作業に必要な動作と円滑な遂行に関すること。
６　コミュニケーション
　(1)　コミュニケーションの基礎的能力に関すること。
　(2)　言語の受容と表出に関すること。
　(3)　言語の形成と活用に関すること。
　(4)　コミュニケーション手段の選択と活用に関すること。
　(5)　状況に応じたコミュニケーションに関すること。

　自立活動の「内容」には，各教科の「内容」のような具体性はなく，大綱的に示されている。これは，個々の子どもに対する具体的な指導内容は，指導の方法と密接に関連している場合が多いことから，個々の方法までは言及しないという方針で作成されていることと，各項目は，それぞれを指導するものではなく，個々の児童生徒に設定される具体的な「指導内容」の要素という位置づけであることによるものである。自立活動の指導を担当する教員は，個々の児童生徒の実態を踏まえ，自立をめざして設定される指導目標（ねらい）を達成するために，学習指導要領等に示されている内容から必要な項目を選定し，それらを相互に関連づけて設定し，具体的な指導内容の設定を工夫することになる。

　「自立活動解説」には，項目ごとの具体的な指導例，項目間を関連づけた例とともに，実態把握による情報収集から，関連する自立活動の内容の選定を経て，具体的な内容設定に至る指導計画の作成例が掲載されている。通級の指導を担当したり，通常の学級で特別な支援が必要な子どもを担当したりする場合には，これらの記述が参考になる。

(2) 通級による指導の例

　文部科学省は，2018（平成30）年の高等学校における通級による指導の開始に先立ち，2014年度から，全国でモデル校を指定してその実践事例集を2017年に公表している。

　通常の学級で，思春期の課題を抱える発達段階の生徒にとって，障害のある生徒のための指導領域「自立活動」を学習することには，自尊感情の上で抵抗があるのは自然なことであろう。こうした状況に対応するため，自立活動の名称を「ライフスキル」「スキルトレーニング」「リベラルベーシック」「コミュニケーション」「グロウアップ」「煌く羅針盤」などとして，選択科目（教育課程上は，自立活動）の一つに置くなどの配慮により，生徒が自律的，主体的に選択しやすくする工夫が多くの学校で見られている。

　指導内容としては，発達障害にかかわるソーシャルスキルに関するものが主となるが，肢体不自由のある生徒への指導の事例も見られ，個々の生徒の教育ニーズに対応した実践が行われている。

　表4.1.2に，「自立活動解説」から，高等学校の事例の一部を紹介するので，計画作成の概略を把握して欲しい。　　　　　　　　　　　　　［杉本久吉］

表 4.1.2　自立活動の個別の指導計画の作成手順例

学校・学年	高等学校・第１学年
障害の種類・程度や状態等	学習障害（読み書き障害）
事例の概要	学習上の困難を改善・克服するための方法を知り，その方法に習熟し使えるようにするための指導

（中略）

②－１　収集した情報（①）を自立活動の区分に即して整理する段階

健康の保持	心理的な安定	人間関係の形成	環境の把握	身体の動き	コミュニケーション
・自分の特性（読み書きが苦手）は分かっているが，原因までは理解していない。	・読み書きの苦手さやそれに対する配慮を友達に知られることは不安である。 ・できないことは仕方ないと思っている。		・形を視覚的に捉えることは得意である。 ・文字と音声を結びつけて同時に記憶し再生しようとすると，曖昧になる。	・手先の巧緻性があり，慣れれば素早く動かすこともできる。	・代替機器等を使用すると効率的に書くことができる。 ・日常会話の中で使われる漢字熟語の意味の理解は不十分である。

（中略）

指導目標を達成するために必要な項目の選定

⑥　⑤を達成するために必要な項目を選定する段階					
健康の保持	心理的な安定	人間関係の形成	環境の把握	身体の動き	コミュニケーション
(4) 障害の特性の理解と生活環境の調整に関すること。	(3) 障害による学習上又は生活上の困難を改善・克服する意欲に関すること。		(2) 感覚や認知の特性についての理解と対応に関すること。 (3) 感覚の補助及び代行手段の活用に関すること。		(2) 言語の表出と受容に関すること。 (4) コミュニケーション手段の選択と活用に関すること。 (5) 状況に応じたコミュニケーションに関すること。

⑦　項目と項目を関連付ける際のポイント
・困難を乗り越えるために使用するICT機器等や方法に関わる内容として（環）(2)(3)とコ(2)(4)(5)を関連付けて設定した具体的な指導内容が，⑧アである。 ・失っている自信を取り戻すために，（健）(4)と（心）(3)を関連付けて設定した具体的な指導内容が，⑧イである。 ・高校生段階としての自己理解ができるようになることを目指して，（心）(3)とコ(2)(5)を関連付けて設定した具体的な指導内容が，⑧ウである。

選定した項目を関連付けて具体的な指導内容を設定

⑧　具体的な指導内容を設定する段階		
ア　コンピュータ等の情報機器等を使用して読み書きの困難を乗り越える方法に習熟し，必要に応じて，その成果や意図を他者に説明できる。	イ　適切な方法により，読み書きはできるようになることを理解し，今はできないことでも挑戦しようという気持ちをもつ。	ウ　読解に際して行われる情報処理過程の概略を理解し，自分の困難は方法を工夫することで乗り越えられることに気付く。

（出所）文部科学省（2018a）第７章図12　学習障害より

4.2 個別の教育支援計画および個別の指導計画

　担当するクラスに特別な教育的ニーズをもつ子どもがいた場合，教員には，その児童生徒の困難さを理解し特性に合った指導を行うことが求められる。しかし，そのような指導は，熱意や経験則だけでどうにかなるものではない。個々の教育的ニーズに的確に応えるためには，児童生徒の実態把握を丁寧に行い，オーダーメイドで指導の計画を立案することが必要である。また，教育的な支援は，小学校，中学校，高等学校と進学する際に途切れることのないよう，長期的な視野で計画する必要がある。本節では，特別支援教育に不可欠な個別の教育支援計画と個別の指導計画について解説する。

1．個別の教育支援計画とは

　教育をはじめ福祉，医療，労働などの他領域の関係機関が連携しながら，障害のある子どもを生涯にわたって長期的，継続的に支援していくための計画を**個別の支援計画**という。その中でも，主に教育的支援について策定したものが**個別の教育支援計画**である。2016 年 12 月の中央教育審議会答申「幼稚園，小学校，中学校，高等学校及び特別支援学校の学習指導要領等の改善及び必要な方策等について」の中においては「学校生活だけでなく家庭生活や地域での生活を含め，長期的な視点に立って幼児期から学校卒業後まで一貫した支援を行うため，家庭や医療機関，福祉施設などの関係機関と連携し，様々な側面からの取組を示した計画」と定義づけられている。

2．個別の指導計画とは

　個別の教育支援計画が，学齢期の教育を中心とした長期的な視野に基づく支援計画であるのに対し，日々の学校生活の中での教科学習や生活スキル*1 の指導について具体的に計画されたものが，**個別の指導計画**である。

　個別の指導計画は，**特別支援学校**では 1999 年の学習指導要領改訂（当時は盲・聾・養護学校）において養護・訓練を自立活動に改め個別の指導計画の作成が規定され，2009 年告示の学習指導要領では，各教科についても個別の指導計画の作成が義務づけられた。一方，通常の小中学校に在籍している特別な教育的ニーズをもつ児童生徒に関しては，2004 年文部科学省による「今後の特別支援教育の在り方について（最終報告）」の中で言及され，LD・ADHD・高機能自閉症の児童生徒についても必要に応じて作成されることが望まれると明記された。

*1　個別の指導計画では，教科学習の指導だけでなく，子どものニーズに合わせて，ソーシャルスキルの習得や行動の切り替えを円滑にする，忘れ物を減らす，上手に時間管理を行うといった生活スキルを指導の対象にすることもある。

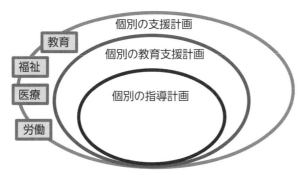

図 4.2.1　さまざまな個別の計画

また，前述の 2016 年 12 月の中央教育審議会答申では，**通級による指導**[*2] や**特別支援学級**で指導を受ける児童生徒にも，個のニーズに応じた指導や支援が組織的・継続的に行われるよう「個別の教育支援計画」や「個別の指導計画」を全員作成することが適当であるとされている。すなわち，これからの時代，特別支援学級の教員はもちろんのこと，通常の学級の担任も個別の指導計画を立案する力量が必須であるといえる。

3．個別の教育支援計画の内容

個別の教育支援計画は，教育に関わる支援を学校内での教育や支援に限定せず，福祉，保健，医療等，他領域における支援も含め多角的かつ長期的にプランニングしたものである。

内容としては，支援のニーズを明記したうえで，現在に至るまでに所属していた機関（就学前であれば幼稚園，保育園，療育機関等，就学後であれば小学校，中学校等）での困難さの様子と受けた指導や支援の内容を具体的に記す。また，医療機関や地域のリソース（民間の相談機関，学童保育所，放課後デイケアサービス等）の活用についても記録しておくとよい。さらにその後のライフステージにおける支援の見通しや支援方針，指導目標を設定する。ここでの長期的な見通しは，より具体的な形で個別の指導計画に反映され，日々の指導につながっていくことになる。また，関係機関が連携して支援の内容や方向性を探る会議が開かれた場合は，そこで話し合われた内容を明記しておく。

4．個別の指導計画の作成プロセス

子どもの支援はまず教育的ニーズ（困難さ）の把握から出発する。困難さの状態像がつかめたら，その困難さは何に起因するのか，どのような場面でどのようなレベルで困難が生じるのかを丁寧に**アセスメント**する必要がある。アセスメントは，日常的な行動観察から得られる質的情報や，学力テストや知能検査など数値に表される量的情報から総合的に行うことが重要である。このアセスメントの段階を経て，子どもの特性や困難さの背

[*2]　2.2 で学んだように，通級による指導とは，学校教育法施行規則第 140 条および第 141 条に基づいて，障害の程度が軽度であり小・中学校の通常の学級に在籍する児童生徒を対象として，各教科等の授業は通常の学級で受け，障害に応じた特別の指導を特別の場（通級指導教室等）で行う特別支援教育における指導の一形態である。個別指導や小集団指導が行われる。

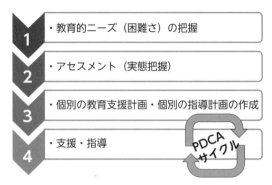

図 4.2.2　ニーズの把握から指導までのプロセス

景を理解し適切な指導計画の立案に至るのである。指導計画が作成されても それで一段落ではない。実際に指導計画どおりに指導をしてみて，指導目標や指導方略が適当であったか確認し，不適当であったと判断されれば，指導計画を適宜修正していく必要がある[*3]。

*3　このように計画から振り返りまでの一連の流れを繰り返すことを **PDCA サイクル**という。PDCA とは，Plan − Do − Check − Act を指し，計画−実行−点検−改善のプロセスを意味する。昨今では，教育の場でも PDCA サイクルが重視されている。

5．個別の指導計画の内容

　個別の指導計画には，以下の項目が含まれる。

①基礎情報

　子どもの氏名，生年月日，学年，主訴・教育的ニーズ，作成年月日等を記す。

②長期目標

　指導のめざすところを明確にするために設定する。通常，「長期」とは 1 年間ととらえることが多い。例えば，年度始めの 4 月に次の学年に進級するまでに子どもに何をどのように身につけさせたいかをイメージして決めるとよい。指導目標は学習面と生活・行動面，対人関係・社会性などの領域ごとに分けて設定する。目標設定の際は，子どもの教育的ニーズに合っているか，無理のない目標数であるかに留意するとよい。また，目標の表記は，子どもを主体に記述する。すなわち「○○ができるようにさせる」といった教師主体の表現ではなく「○○ができる」といった表現を用いる。これは短期目標においても同様である。

③短期目標

　短期目標は，長期目標をスモールステップに分けたものであり，必ず長期目標に連なるものである必要がある。短期目標は一般的に 2 〜 3 か月の期間で設定されることが多い。3 学期制の学校であれば，学期ごとの目標になり，2 学期制の場合は，ひとつの学期の中で 2 つの目標達成が目安となる。短期目標の設定の例を**図 4.2.3** に示す。また，目標は後で評価ができるよう具体的に表し，何をもって目標達成[*4]とするかが明確にわかるようにしておく。

*4　目標が達成されたかどうかを評価するためには，評価基準が定まっている必要がある。指導目標をできるだけ具体的に数値目標なども含めながら設定すると評価が容易になる。

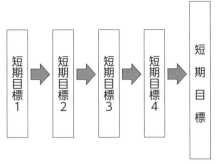

図 4.2.3 ①　短期目標と長期目標の関係図

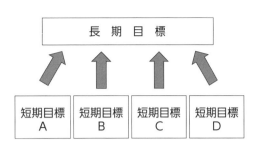

図 4.2.3 ②　短期目標と長期目標の関係図

④指導の内容と指導方略

　指導目標が定まったら，何の指導をどのような手立てで行うかを具体的に考える。指導の方略は，当該学年の一般的な指導方法ではなく，その子どもの認知特性*5 を考慮したものでなくてはならない。指導の内容や支援方針は**合理的配慮**に基づいて検討される必要がある。

⑤評価

　指導の結果，目標が達成できたかを記す。達成できなかった場合は，どこまでは到達したか，何が現在の課題となっているかを明示しておくと次の指導計画を立てる際の有意義なヒントとなる。評価が次のステップのスタートになることを念頭におくとよい。

　PDCA サイクルによって指導の評価を振り返ったら，必要に応じて次の指導の修正を行う。目標が十分に達成できなかった場合は，指導目標の設定が高すぎなかったか，指導の方略が子どもの特性に合っていなかったか，目標の数が多すぎて子どもに負荷がかかり過ぎていなかったか十分に確認することが重要である。場合によっては，アセスメントの段階にまでさかのぼって，子どもの実態把握のための情報を追加したり，子どもの困難さの解釈が見立て違いではないかと再検討したりすることもある。

　修正点を見つけどのように修正していけばよいかの示唆を与えてくれるのは，指導に対する子どもの反応である。単に「できたか」「できなかったか」だけに注目するのではなく，「どのようにつまずいているのか」「方略によって出来不出来の差はないか」などを丁寧に把握しておくとよい。

　個別の教育支援計画も個別の指導計画も，子どもの指導を適切に導いていく羅針盤の役割を担っている。子どもをサポートする関係者が連携しながら作成し十分に活用したい。　　　　　　　　　　　　　［小林　玄］

*5　例えば耳で聞いた聴覚的情報と目で見た視覚的情報とでは，視覚的情報の処理の方が得意な子どもがいた場合，説明を口頭で長々と行うのではなく，図示するなど視覚に訴えながら教える方が子どもの理解が深まる。同じ教科，単元であっても子どもの情報処理の特性（認知特性）に合った方法を採用することが大切である。個別の指導計画では「何を教えるか」だけでなく「どのように教えるか」を明記しておく。

4.3 小中学校における校内支援システムと多職種連携

支援を要する子どもへの対応は，学級担任や特別支援教育コーディネーターなど，特定の教師が孤軍奮闘して行うものではない。校内で情報共有を行い，どの教員も当該児童生徒への適切な理解と対応を心がける必要がある。本節では，校内支援体制の構築にあたり理解しておくべきことを解説する。

1．教師一人による支援からチームによる支援へ

2007 年に特別支援教育が開始されるにあたり，さまざまな試験的試みが行われ準備が進められた。2000 年から 2002 年にかけて行われた文部科学省の「学習障害 (LD) に対する指導体制の充実事業」では，「教師一人による支援からチーム (システム) による支援へ」という理念が打ち出され，学校全体として学習障害児への支援体制の構築が試みられた。この支援体制の基盤を成すものが，①**校内委員会**の設置，②教育委員会における**専門家チーム**の設置，③**巡回相談**の実施である。この事業は，2003 年から対象を LD だけでなく ADHD，高機能自閉症に広げ「特別支援教育推進体制モデル事業」へと発展した。

図 **4.3.1** は，支援体制を図示したものであるが，図の下部の小・中学校において，校内委員会の設置，**特別支援教育コーディネーター**の指名，**個別の教育支援計画・個別の指導計画**の作成を 3 つの柱とした支援体制が構築されていることがわかる。さらに小・中学校から関係諸機関に矢印が伸び，校内にとどまらず支援のネットワークが展開されることが明示されている。

「小・中学校における LD（学習障害），ADHD（注意欠陥／多動性

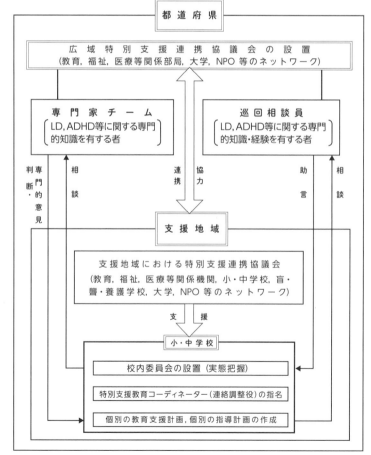

図 4.3.1　特別支援教育支援体制の全体像
（出所）文部科学省 HP「特別支援教育について」より

障害），高機能自閉症の児童生徒への教育支援体制の整備のためのガイドライン（試案）」（文部科学省 2004）では，校内の支援体制を構築するにあたり校長のリーダーシップのもと教員の資質向上，教育環境の整備等を行うことが示されている。

2．校内支援体制の構築

　校内の支援体制の中核を担うのは，校内委員会である。また，校内における特別支援教育のキーパーソンは特別支援教育コーディネーターである。

①校内委員会

　在籍している児童生徒の中で，学習上あるいは行動上に特別な教育的支援を要する者を早期に発見し適切な支援を展開するための組織が校内委員会である。校内委員会は，校長，教頭・副校長，教務主任，学級担任，特別支援教育コーディネーター，養護教諭，通級指導教室担当者，巡回相談員等，支援対象となる子どもにかかわる者から構成される。委員会は，子どもの実態把握を行い，個別の指導計画や個別の教育支援計画を作成し，実際的な支援につなげる。

②特別支援教育コーディネーター

　特別支援教育コーディネーターは，特別支援教育に関して，校内の関係者や外部の関係機関等の連絡調整や保護者に対しての相談窓口，学級担任のサポート，校内委員会の推進役といった役割を担い，校長の指名によってその学校の教員が兼任する。特別支援教育の要となるが，実際的な支援の実施者というよりも適切な支援を展開するための関係者をコーディネートする立場である。

③校内研修の推進

　特別支援教育は学校全体で取り組むべきものであり，教員すべてが支援の実施者といえる。そのため，教員の資質向上のための研修の機会を年間計画の中に設けておくとよい。研修内容は，必要とされるテーマに従い，専門家による講演や個別の指導計画作成の演習，事例検討会などさまざまに計画することができる。

④保護者との連携

　支援を行うにあたっては，学校と家庭が信頼し合い協力することが大切になる。保護者が子どもの問題を学校側に相談する場合も，学校が保護者に学校での子どもの問題を理解してもらう場合も，信頼関係が基盤となる。

　家庭との連携の窓口は学級担任だけに固定せず，柔軟な協力体制を築くことが大切である。

3．学校外の専門家の活用

　特別支援教育における支援体制は，学校内の連携にとどまらず，校内委

員会が外部の人的資源を活用しながら支援を行うところに特徴がある。

①巡回相談

巡回相談は，特別な教育的ニーズをもつ子どもが必要とする支援内容とその方法を教員等に助言し適切な指導の実践につなげるためのコンサルテーション*1 のシステムである。巡回相談員は，発達障害の障害特性や支援方法についての専門性を有しており，教育委員会から委嘱されて職務にあたる。勤務形態は各地域によって異なるが，依頼を受けて学校に出向き，おおよそ図4.3.2のような流れで巡回相談を行う。職務内容としては，指導方法だけでなくアセスメント（実態把握），校内支援体制の整備，保護者や関係機関との連携についても指導や助言を行う。必要に応じて校内委員会にも出席をする。

*1　コンサルテーションとは，ある領域の専門性を持つ者が，職務をよりよく遂行するために，異なる領域の専門家に意見や助言を求めるものである。巡回相談では教育の専門家である教員が，心理および教育の専門性を持つ巡回相談員に助言を求める。

```
相談依頼を受け，相談対象の子どもの人数や
主訴（子どもの問題）を確認する
        ↓
学級担任等から子どもの問題の概要について説明を受ける
        ↓
授業見学を行い，対象となる子どもの行動観察を行う
（必要に応じて作文やテストなどの資料を閲覧する）
        ↓
支援や指導に関わる教員と面談し助言を行う
        ↓
次回の巡回相談時，指導の経過の報告を受け
その後の支援方針をたてる
```

図4.3.2　巡回相談の流れ

②専門家チーム

専門家チームは，教育委員会に設置される各領域の専門家によって構成される相談機関である。構成員は，児童精神科領域を専門とする医師，学識経験者，就学相談や教育相談に従事する心理職，福祉関係者，地域の特別支援学校の教員，教育委員会の職員等であり，必要に応じて対象児童生徒の通常の学級の担当教員，通級指導教室の担当教員，特別支援教育コーディネーター等が会議に参加する。

専門家チームは，校内委員会や巡回相談員からの助言だけでは対応が不十分な事例に対して，学校と連携をとりながら，より深い対応を行う。具体的には，支援を必要とする子どもへの望ましい教育的対応についての専門的な意見を示すこと，日常的な行動観察だけでは得られない情報について知能検査等を用いたアセスメントを行い，支援につながる解釈を提示すること，また，それに基づき専門的な見地から発達障害か否かの判断を行うこと等の役割を担っている。

学級の中に特別な教育的ニーズを有する子どもがいた場合，まず，①「校内委員会を立ち上げて学校全体で情報共有し支援の方向性を定める」という段階があり，必要に応じて②「学校外の人的資源として巡回相談員の活用」

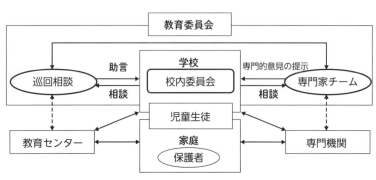

図4.3.3　校内委員会，巡回相談，専門家チームの連携
（出所）文部科学省（2004）より転載

を行い，さらに専門的な見地からの助言や詳細なアセスメントおよび診断を要する場合は，③「専門家チームを設置し多職種協働によるより多角的で専門性の高い助言を得る」という三段階の支援システムで対応する（図4.3.3）。

４．チームとしての学校の在り方

2007年に特別支援教育が開始されて十余年が経過した。その間，特別な教育的ニーズを持った子どもたちへの理解が深まった一方で，家庭や地域の変容とともに特別支援教育等に関わる教育的課題が多様化してもいる。その対策としてさまざまな専門機関との連携を強化した「**チームとしての学校**」という**多職種連携**の構想が打ち出された。

2015年中央教育審議会は「チームとしての学校の在り方と今後の改善方策について（答申）」を発表した。その中では，「チームとしての学校」の体制整備によって「教職員一人一人が，自らの専門性を発揮するとともに，専門スタッフ等の参画を得て，課題の解決に求められる専門性や経験を補い，子供たちの教育活動を充実していく」ことが期待されている。

図からもわかるように，今後は学校外のリソースを十分に活用しながら多職種連携のもと，開かれた学校教育を展開することが求められている。

[小林　玄]

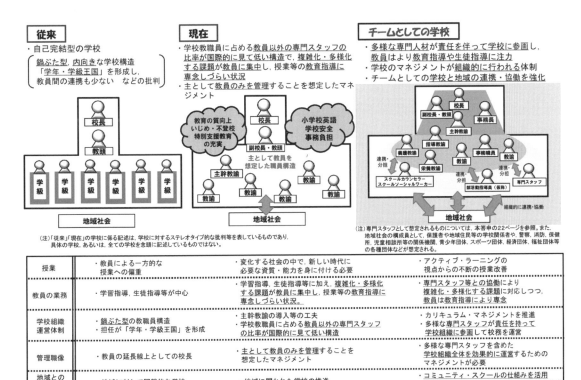

図 4.3.4　「チームとしての学校」像（イメージ図）

（出所）中央教育審議会（2015）より転載

4.4 特別支援学校のセンター的機能

特別な教育ニーズが必要な子どもの困り感に応えたいと思いながら，所属の教育機関内には情報や教材等が不足していると感じていたら，地域の特別支援学校に相談してみよう。

1．センター的機能の歩み

1999（平成11）年告示の盲学校，聾学校及び養護学校小学部・中学部学習指導要領の総則で「地域における特殊教育に関する相談のセンターとしての役割を果たすよう努めること」と示されて以来，特別支援学校では，**地域支援**について，組織的な取り組みの充実を図ってきた。

その後，特別支援教育体制への転換となる2006年の学校教育法改正において74条に幼稚園，小学校，中学校，高等学校等の要請に応じて障害のある幼児，児童，生徒の教育に関し特別支援学校は，必要な助言または援助を行うよう努めることが規定された。各特別支援学校では，このセンター的機能発揮を推進するため，加配定数活用がある学校はもちろん，従来の定数のままの学校においても地域支援を主に担当する**特別支援教育コーディネーター**を設置し，校務分掌に地域支援業務を位置づけて担当チームを作るなどして対応を進めてきた。

2．センター的機能の内容

「発達障害を含む障害のある幼児児童生徒に対する教育支援体制整備ガイドライン」（文部科学省2017）では，特別支援学校のセンター的機能として，以下の項目を示している。

・各学校の**教職員への支援機能**
・各学校の教職員に対する**研修協力機能**
・特別支援教育に関する**相談・情報提供機能**
・個別の指導計画や個別の教育支援計画等の作成への助言など，児童等への**指導・支援機能**
・教育，医療，保健，福祉，労働等の関係機関等との**連絡・調整機能**
・児童等への**施設設備等の提供機能** 等

以下，項目ごとに内容を概説する。

(1) 小・中学校等の教員への支援機能

表4.4.1 に見るように，特別支援学校では，年平均146件もの件数に対応しており，教員への支援は，地域支援の中心的な内容となっている。電話による相談への対応もあるが，地域の教育委員会の専門家チームに加

表 4.4.1　小中学校等の教員からの相談件数（延べ件数　国公私立計）[1]

教員の所属	幼稚園・保育所等	小学校	中学校	高等学校	その他の学校	合計	1校当たりの平均件数
件数	31,569	69,934	27,474	6,791	11,269	147,037	146.3
割合	21.5%	47.6%	18.7%	4.6%	7.7%		

（出所）文部科学省（2018b）より筆者作成

わるなどして，学校へ巡回し，特別支援学級，通常学級での「指導・支援に係る相談・助言」「障害の状況等に係る実態把握・評価等」「就学や転学等に係る相談・助言」等のさまざまな相談に対応している。

　相談者は，特別支援学級担任，通常学級の担任をはじめ，管理職，特別支援教育コーディネーター，養護教諭，教育相談担当教員，その他と多岐にわたっている。

　特別支援学校の特別支援教育コーディネーターは，特別支援学校における豊富な指導経験はもちろん，通常の学級担任の経験や通学区域の教育委員会の就学相談業務にもかかわった経験のある教員などが指名されている。特別支援学校の教員には，子どもの障害の状態や発達段階等の実態把握と，それにより作成された各教科や自立活動の個別の指導計画に基づく指導や評価にかかわる経験がある。これに加え，中学部・高等部の経験者は，小学校・中学校の特別支援学級や通常の学級から特別支援学校に進学した生徒の指導経験のうえから，支援を必要する子どもの障害の状態等が，今後どのような姿に至るのか，あるいは，小学校・中学校での経験を子どもがどのように受け止めどんな感情を抱えているのかについての知見も豊富である。これらの観点から，小中学校等の教員に必要な支援を行うことができる場合が少なくない。

(2) 小・中学校等の教員に対する研修協力機能

　特別支援学校は，自ら主催者となり，大学教員や医師等を講師に招き，学校や地域で，特別支援教育に関する研修会・講演会を実施したり，特別支援学校の校内研修会を地域の小・中学校等の教員に公開して実施したり，地域の小・中学校等の校内研修会に講師として参画するなどして，教員の特別支援教育についての理解等の向上に貢献するように，取り組んでいる。

　特別支援学校は通学区域がいくつもの市町村にわたるため，関係する自治体・教育委員会も複数になるが，それぞれの地域の特性に応じて，教員や保護者が参加する講演会等を企画・実施したり，あるいは実施の支援を行ったりしている。

(3) 特別支援教育等に関する相談・情報提供機能

　特別支援学校では，教育相談を学校のホームページや掲示板等で常時受け付けている。さらに，学校公開日や長期休業期間中，学校によっては，

[1]　表 4.4.1 の幼稚園・保育所等には，幼保連携型認定こども園を含み，中学校には，中等教育学校の前期課程を含み，高等学校には中等教育学校の後期課程を含んでいる。その他の学校の内訳は，他の特別支援学校等である。

通年で幼児の特別支援学校の体験会等を行い，「就学や転学等に係る相談・助言」，「子どもとの接し方に係る相談・助言」，「障害の状況等に係る実態把握・評価等」「進路や就労」「他機関への支援の橋渡し」等の相談に対応している。

小・中学校等への情報提供機能については，小・中学校等の教員を対象に特別支援教育に関する内容の通信や印刷物等を配布したり，センター的機能のPRや特別支援教育に関する内容をウェブサイトで公開したりしている。

(4) 障害のある幼児児童生徒への指導・支援機能

地域の学校からの依頼を受け，教員が直接個別指導をしている特別支援学校が3割を超えている。子どもへの直接的な指導の内容は，「特別支援学校へ来校してもらい，教育課程外で個別指導」や「通級指導教室を設けて指導」「巡回指導の際に，教育課程外で指導」などの対応が行われている。

具体的な内容については，各種指導（言語指導，発音発語指導，構音指導，吃音指導，点字指導，歩行指導，読み書き指導等），各種トレーニング（ソーシャルスキル，視知覚，補助具の使用，触察，聞き取り，ビジョン等），各種測定・検査，教科指導の補充，自立活動（心理的安定，ストレスマネジメント，人間関係の形成，コミュニケーション，身体の動き等），障害認識，作業学習（野菜栽培，木工，手芸，調理），教育相談，進路指導を行う。また，保護者と児童生徒との関わりについての相談やICT機器等の学習支援機器の使い方，買い物や公共交通機関の利用の練習，小集団での活動，特別支援学校支援籍[*2]として自校の児童と一緒に自立活動の学習をしたり，入院している小・中学生（転籍していない者）に対して保護者等の依頼を受けて病院内の学習室や病棟のプレイルーム・ベッドサイド等での授業実施，不登校児童生徒への居場所作りと進路につなげる支援・登校体験など，多岐にわたっている。

(5) 福祉，医療，労働などの関係機関等との連絡・調整機能

8割を超える特別支援学校は，市区町村の特別支援連携協議会等，関係機関連携の仕組みに参画している。

医療・保健機関や福祉機関のスタッフと日常的な連携をとることは，特別支援学校の児童生徒支援のために必要なものであるが，この連携によって得た情報を地域支援の場面で，医療や生活面での本人および家族の支援に生かせるように努めている。

ハローワークや就労支援関連機関とのかかわりについては，自校の特別支援学校の生徒の進路指導に関することが主にはなるが，小中学校等に在籍する児童生徒に関しても，将来の自立・社会参加に関する情報を把握していることで対応できる場合もある。

*2　特別支援学校支援籍：「支援籍」とは埼玉県の制度で障害のある児童生徒が必要な学習活動を行うために在籍する学校・学級以外に置く学籍のこと。
「特別支援学校支援籍」とは小中学校の通常の学級に在籍する児童生徒が特別支援学校で必要な指導を受ける際に置くもの。

また，市区町村の自立支援協議会*3 などを介した地域の関係障害者団体との連携を通じて，学校が対応する障害種別を超えた幅広い地域の障害者に関する情報の把握も行っている。

(6) 障害のある幼児児童生徒への施設設備等の提供機能

約 6 割の特別支援学校で障害のある子どもを対象とした「教材についての情報提供・貸出」を行っており，約 3 割が「教材を作成し，情報提供・貸出」や「障害のある子供を対象としたプール，作業室や自立活動関係教室等についての情報提供・貸出」を行っている。このほか，ホームページで教材に関する情報を提供したり，校内に教材ライブラリーを作ったり，書籍(研修冊子や専門図書)の貸し出しに応じたりしている学校もある。また，学校によっては，教材・教具に関する指導資料を地域の特別支援学級と共有したり，教材・教具展や教材作成の公開講座を開催したりする例もある。

(7) その他　高等学校との関連

高等学校とのかかわりでは，障害のある高校生の職業教育・就労に関するセンター的機能が期待されている。「高校の教員への職業教育・進路指導についての助言」をはじめ，「高校の生徒・保護者からの直接的な相談への対応」，「高校の教員への実習先や就職先，障害者就労支援機関に関する情報提供」および「特別支援学校が行う職業教育・進路指導に関する研修会・講演会の公開」が行われている。

近年の教育費に関する制度の拡充により，これまで特別支援学校高等部が受け入れていた軽度障害のある生徒が，公立・私立の高等学校に進学する事例が増える傾向があり，この観点での支援の充実がいっそう求められることが予想される。

3．センター的機能活用成果の周知

通常の学級における特別支援教育の専門家には，本来，通常の学級の教員が育っていくことが望まれるが，今しばらくは，特別支援学校というリソースの活用が必要な状況がある。幼保小中高等学校の教員等と特別支援学校の間には，年間数百件の相談事例に対応している状況がありながら，物理的な距離とともに，心理的な距離があるといわれている。センター的機能の活用成果の周知をいっそう進め，支援が必要な子どもの教育の充実が図られることが望まれる。　　　　　　　　　　　　　　　　　　　　　　[杉本久吉]

*3　障害者総合支援法第 89 条に基づき相談支援事業をはじめとする地域における障害者等の支援体制の整備に関する協議の場として市区町村に設置されるもの。

4.5 障害者の権利に関する条約・障害者差別解消法と合理的配慮

　障害者の権利に関する条約（以下，障害者権利条約と略記）は，21世紀に入って初めて採択された人権条約である。条約は，その国の法体系において，憲法と一般法との間に位置づく。**障害者差別解消法**は，障害者権利条約を具体化していく大きな流れの中にある。ここでは，教育の分野に焦点を当ててみていこう。

1. 障害者権利条約の意義

(1) 障害者権利条約成立にいたるまで

　第二次世界大戦後に設立された国際連合（国連）は，世界人権宣言（1948年採択，以下同じ），人種差別撤廃条約（1965年），国際人権規約（1966年），女性差別撤廃条約（1979年），子どもの権利条約（1989年）に代表されるように，国際的な人権保障の取り組みを展開してきた。

　障害者問題の分野においては，障害者の権利宣言（1975年）を起点に，**国際障害者年**（1981年），障害者に関する世界行動計画（1982年），国連・障害者の10年（1983年から1992年）の取り組みが行われた。

　1993年には，障害者の機会均等化に関する基準規則が採択された。国連・障害者の10年の取り組み以降，基準規則のモニタリングが行われるとともに，アフリカ障害者の10年（2000年から2009年），新アジア・太平洋障害者の10年（2003年から2012年），アラブ障害者の10年（2003年から2012年），ヨーロッパ障害者年（2003年）等，世界各地で障害者問題への取り組みが行われた。

　このような流れの中で，2001年の国連総会においてメキシコ大統領から**障害者権利条約**が提唱された。特別委員会における8回の審議を経て，2006年12月の第61回国連総会において障害者権利条約（Convention on the Rights of Persons with Disabilities）が採択された。障害者権利条約は2008年5月3日に発効している。日本国内では，2014年1月に批准し，2月19日に発効している。

(2) 障害者権利条約と合理的配慮

　障害者権利条約[*1]は，前文と本文50条，選択議定書から構成されている。外務省ウェブサイトの説明によれば，以下の内容から構成されている。① 一般原則（障害者の尊厳，自律及び自立の尊重，無差別，社会への完全かつ効果的な参加及び包容等），② 一般的義務（合理的配慮の実施を怠ることを含め，障害に基づくいかなる差別もなしに，すべての障害者のあらゆる人権及び基本的自由を完全に実現することを確保し，及び促進すること等），③ 障害者

＊1　外務省「障害者の権利に関する条約」https://www.mofa.go.jp/mofaj/gaiko/jinken/index_shogaisha.html

(2020.3.10 最終閲覧)

の権利実現のための措置（身体の自由，拷問の禁止，表現の自由等の自由権的権利及び教育，労働等の社会権的権利について締約国がとるべき措置等を規定。社会権的権利の実現については漸進的に達成することを許容），④ 条約の実施のための仕組み（条約の実施及び監視のための国内の枠組みの設置。障害者の権利に関する委員会における各締約国からの報告の検討）。

　障害者権利条約において，教育に関する条項は**第 24 条**である。同条は次の 5 項からなる。第 1 項：障害のある人の教育権の確認，第 2 項：第 1 項の実現のための締約国の条件整備の義務，第 3 項：障害のある人が地域社会の構成員として教育に完全かつ平等に参加することを容易にするための生活技能および社会性の発達技能の習得，第 4 項：手話や点字などの専門性をもった教員の配置や研修の規定，第 5 項：一般の高等教育，職業研修，成人教育および生涯学習へのアクセスとそのための合理的配慮の提供である。

　この中で，とりわけ重要な役割を果たすのは第 2 項である。第 2 項はさらに次の 5 つの細別項目からなる。

① 障害を理由に一般教育制度から排除されないこと
② インクルーシブで質の高い無償の初等教育・中等教育へのアクセスの保障
③ 合理的配慮の提供
④ 一般教育制度内での必要な支援の保障
⑤ 発達を最大限にする環境での効果的で個別化された支援方策の提供

　この中で注目されているのが**合理的配慮** (reasonable accommodation) の概念である。障害者権利条約第 2 条では，合理的配慮を「障害者が他の者との平等を基礎として全ての人権及び基本的自由を享有し，又は行使することを確保するための必要かつ適当な変更及び調整であって，特定の場合において必要とされるものであり，かつ，均衡を失した又は過度の負担を課さないものをいう」と定義している。すなわち合理的配慮とは，単に障害のある人に対する差別を禁止しただけでは実質的に平等の実現は保障されないので，施設や設備等，教材や指導過程等において改善を行い，配慮や便宜を与えようとする考えである。ただし，通常の環境において障害のある人が参加と活動を行うという状況を想定しているため，過度な負担になり過ぎない範囲で，社会的障壁を取り除くために必要な便宜を与えることとされている。合理的配慮の否定は，障害を理由とする差別に含まれる。合理的配慮概念は，障害者権利条約において，国際人権条約として初めて導入された新しい概念である[*2]。

*2　清水貞夫はreasonable accommodation を「理にかなった条件整備」と訳出している。同じ用語でも，異なる表現を採用することによって，その語がもつ性格や意義を別の面からとらえることができる。清水の訳はとても参考になる (清水 2004)。

2．障害者差別解消法とは

＊3　条約に署名するというのは，政府がその条約に賛意を表明することである。署名の後に，国会で承認を受けると，国として条約に同意したことになる。国会における承認の手続きには，批准の他，受諾や加入等がある。

先に述べたように，障害者権利条約が国内で発効したのは 2014 年のことであるが，日本政府は 2007 年にこの条約に署名をしている*3。条約は憲法と一般法との間に位置づくから，条約に同意することは，その国の法制度を条約の内容に沿って整備しなければならないことを意味する。障害者権利条約の批准に向けた国内法制度の整備の一環として，障害者基本法が 2011 年 7 月に改正された。障害者基本法第 4 条には差別の禁止規定があるが，これを具体化するとともに，障害を理由とする差別の解消を推進することを目的として定められたのが，いわゆる**障害者差別解消法***4である。障害者差別解消法は 2013 年 6 月 26 日に公布され，一部の附則を除き 2016 年 4 月 1 日から施行された。

＊4　この法律の正式な名称は「障害を理由とする差別の解消の推進に関する法律」という（平成 25 年法律第 65 号）。

（1）これまでとなにが変わるのか

障害者差別解消法では，障害者に対する差別を「**不当な差別的取扱い**」と「**合理的配慮の不提供**」の 2 つの類型から構成し，それらを禁ずることで障害者への差別を解消していこうとする。

「不当な差別的取扱い」とは，障害を理由として，正当な理由なく，商品やサービスの提供を拒否したり，制限したり，条件をつけたりすることである。「合理的配慮の不提供」とは，障害のある人から何らかの配慮を求める意思の表明があった場合には，負担になり過ぎない範囲で，社会的障壁を取り除くために必要で合理的な配慮（合理的配慮）を行うことが求められるのに対して，こうした配慮を行わないことである（知的障害等により本人自らの意思を表明することが困難な場合には，その家族などが本人を補佐して意思の表明をすることもできる）。

合理的配慮の具体的内容は，例えば，筆談や読み上げ等の障害特性に応じた手段による対応や，車いす利用者のための段差の解消，渡し板の提供等が考えられている。

障害者差別解消法が禁じている「不当な差別的取扱い」と「合理的配慮の不提供」は，行政機関であるか事業者であるかによってその課され方が異なる。事業者の場合は「不当な差別的取扱い」の禁止は法的義務となっているけれども「合理的配慮の不提供」の禁止は努力義務となっている。なお，ここでいう事業者とは，対価を得ない無報酬の事業や社会福祉法人，特定非営利活動法人等の行う非営利事業も対象とされている。ただし，一般人の行為や個人の思想，言論等は対象外である。

＊5　「障害を理由とする差別の解消の推進」https://www8.cao.go.jp/shougai/suishin/sabekai.html

（2020.3.10 最終閲覧）

（2）学校教育における合理的配慮の提供

内閣府のウェブサイトに，「障害を理由とする差別の解消の推進」というページがある*5。このページに，合理的配慮等具体例データ集「合理的配

慮サーチ」というコンテンツがあり，合理的配慮の事例が紹介されている。

　障害者差別解消法では，まず，政府が施策の基本的な方向等を示す基本方針を定め，次に，それぞれの事業を所管する大臣が対応指針（ガイドライン）を定めることになっている。基本方針とほとんどの対応指針（ガイドライン）は策定されており，ウェブサイトで閲覧可能である。文部科学省の場合は「文部科学省所管事業分野における障害を理由とする差別の解消の推進に関する対応指針」という名称であり，インターネット上で容易に入手できる。

　さらに，国立特別支援教育総合研究所のウェブサイトに「インクルーシブ教育システム構築支援データベース」があり，その主要なコンテンツとして「『合理的配慮』実践事例データベース」があり*6，簡潔ながら400件以上の例が収録されている。

*6 「インクルーシブ教育システム構築支援データベース」http://inclusive.nise.go.jp/

（2020.3.10 最終閲覧）

　参考までに，上記文部科学省の対応指針から，不当な差別的取り扱いと，合理的配慮の例を挙げておこう。

① 不当な差別的取り扱いの例

　障害のみを理由として，以下の取扱いを行うこと 。

・学校，社会教育施設，スポーツ施設，文化施設等において，窓口対応を拒否し，又は対応の順序を後回しにすること 。

・学校への入学の出願の受理，受験，入学，授業等の受講や研究指導，実習等校外教育活動，入寮，式典参加を拒むことや，これらを拒まない代わりとして正当な理由のない条件を付すこと 。

② 合理的配慮の例

・疲労を感じやすい障害者から別室での休憩の申出があった際，別室の確保が困難である場合に，当該障害者に事情を説明し，対応窓口の近くに長椅子を移動させて臨時の休憩スペースを設けること 。

・目的の場所までの案内の際に，障害者の歩行速度に合わせた速度で歩いたり，介助する位置（左右・前後・距離等）について，障害者の希望を聞いたりすること 。

・比喩表現等の理解が困難な障害者に対し，比喩や暗喩，二重否定表現などを用いずに説明すること 。

・障害者が立って列に並んで順番を待っている場合に，周囲の理解を得たうえで，当該障害者の順番が来るまで別室や席を用意すること 。

　差別というのは，差別者と被差別者とをとりまく社会的，個人的なさまざまな諸関係のいわば合力として現れるものであろう。だから，障害者差別を解消しようとするなら，私たち自身が，差別とは何かについての私たち自身の考えを深め，共有していくことが大切だと考える。ともに考えてゆこう。

[尾高　進]

【発展問題】

・学習指導要領解説（自立活動編）から，発達障害（LD，ADHD，自閉症等）に関する指導の具体例を検索して読んでみましょう。

・インターネット上で，個別の指導計画や，個別の教育支援計画を閲覧することができます。それらのいくつかを見て，どんなことが記入されるようになっているのかを出し合ってみましょう（閲覧の際には，その資料がどの機関によって作成されたものかに注意をして下さい）。

・特別支援学校のホームページを閲覧し，センター的機能にかかわる内容について，調べてみましょう。

・みなさんのこれまでの学校生活の経験の中で，合理的配慮をすることが必要（あるいは可能）であった事例があれば，出し合ってみましょう。

コラム　北欧からの示唆④　三段階支援による早期発見早期対応めざすフィンランド

　フィンランドは，スウェーデンとノルウェー，そしてロシアに隣接する共和制国家である。スウェーデン時代（1155～1809年）やロシアによる大公国（フィンランド大公国）時代（1809～1917年）を経たという背景から，スウェーデン語話者やロシア語話者が一定数いる。フィンランド語に加えてスウェーデン語も公用語になっており，2018年の時点で全国でスウェーデン語を第一言語とする人の割合は5.2％である。公用語のスウェーデン語を母語とする子どもが要求する場合にはスウェーデン語での教育を保障する必要がある。そのため，フィンランドの通常学校内にスウェーデン語で授業を行うスウェーデン語学級があったり，スウェーデン語話者が一定数いる場合にはスウェーデン語学校が設置されたりする。

　フィンランドの特別教育の特長の一つは，その対象の多さである。フィンランドでは約30％の子どもが特別支援を受けており，学力世界一で注目された背景に特別な支援の積極的活用があることが指摘されている。約30％の子どもを対象とした特別支援は「三段階支援」として提供される。フィンランドの国の教育指針であるナショナル・コア・カリキュラムの2014年改訂では，三段階支援が導入された。第一段階としての「一般支援」は以下のように規定される。すべての子どもは，必要が生じた場合にすぐに一般支援を受ける権利がある。一般支援とは，子どもが学習を獲得できるようにするための，クラス内での支援である。子どもを教えるすべての教員は一般支援に責任がある，と。第二段階としての「強化支援」は以下のように規定される。子どもが定期的な支援や複数の異なる支援を同時に必要とする場合は，強化支援を受ける。強化支援は一般支援よりも広範かつ長期的である。これには「教育評価」が求められ，それまでに子どもが受けた一般支援の評価と，将来の子どもの支援ニーズの説明が含まれる。保護者は教育評価に参加しないが，内容が伝えられる。教育評価は多職種のチームで実施され，子どもは「子どもの学習計画」に従って教えられる。強化支援では子どもは通常カリキュラムに従う。第三段階としての「特別支援」は以下のように規定される。強化支援が十分ではない場合，子どもは特別支援を受けることができる。特別支援の協議のために教員と必要に応じて専門家との協力のもとに「教育調査」が行われる。子どもと保護者は，教育調査に参加し，聴取用紙に署名する。教育的な問題は，子どもケアグループの専門家チームで対応する。子どもケアグループは，子どもが強化支援または特別支援の中で支援を行うかを決定し，それを最終決定を下す教育長に送る。子どもは「教育指導のための個別計画」（IP）に従って教えられる。保護者は個別計画を見ることができる。

　このように早期対応や支援の評価に基づいて徐々に高次の支援に移行する体制は予防的対応となる。段階的支援は学力面のみならず行動面の指導にも導入されており，二次障害の予防と回復の手立てとしても期待される。他にも複数の教員による指導である協働教授（Co-teaching）を積極的に用いている学校もあり，教員によるアセスメントも含めた早期発見・早期対応がフィンランドの子どもを支えているといえよう。

[是永かな子]

推薦文献

　以下の書籍やマンガ，映画などから特別支援教育について理解を深める方法も提案したい。

・（マンガ）うおやま『ヤンキー君と白杖ガール』KADOKAWA，2019 年 1 月〜
　弱視の女子高生とヤンキーのラブコメディー。

・（マンガ）山本おさむ『遙かなる甲子園』全 10 巻，双葉社，1988 〜 1990 年
　ろう学校に在籍する生徒たちが，困難を乗り越えて硬式野球部を作り，甲子園をめざす。原作は戸部良也のノンフィクション作品『青春の記録 遥かなる甲子園 聴こえぬ球音に賭けた 16 人』（1987年）で，続刊もある。1989 年には TV ドラマが，1990 年には映画が放送・放映された。

・（マンガ）逢坂みえこ『プロチチ』講談社，2011 〜 2014 年
　アスペルガー症候群の新米の父親が，予定通り進むことがまずない子育てに悪戦苦闘する。アスペルガー症候群の人がどういうところに困るのかが，日々の生活の場面で具体的に描かれる。

・（書籍）ダニエル・キイス，小尾芙佐（訳）『アルジャーノンに花束を［新版］』ハヤカワ文庫，2015 年
　32 歳のチャーリィ・ゴードンは知的障害があるが，脳手術によって後天的に天才となる。チャーリィが知る人の心の真実とは？　何度か映画化された他，2002 年に TV ドラマ放送。

・（書籍）佐野有美『手足のないチアリーダー』主婦と生活社，2009 年／角川つばさ文庫，2014 年
　先天性四肢欠損症で腕や手は使えず，書字や食事，電動車いす操作などを小さめの左足のあしゆびで行って生活している筆者の，小学校入学前後から高等学校生活までを綴った自伝。成長過程で直面した自己認識の厳しさと，それを克服していく出会いや成長のエピソードが描かれている。小学生から高校生の障害児者理解に好適な図書。

・（冊子）全国特別支援学校病弱教育校長会『病気の子どもの理解のために』2007 〜 2013 年
　どのようなことに配慮すればいいのか，どのようなことを知っておく必要があるのか等，病気の子どもたちへの教育的な支援を行う際に必要な情報がまとめられた病弱教育支援冊子。全国特別支援学校長会のホームページ（QRコードでリンク）に掲載されており，すぐに役立つ情報が多く掲載されている。
（http://www.zentoku.jp/dantai/jyaku/ind11.html，2020 年 3 月 10 日最終閲覧）

・（マンガ）戸部けいこ『光とともに』秋田書店，2001 〜 2010 年
　自閉スペクトラム症の主人公（光）に対する家族の葛藤や日常生活のうえでの困難さの中，保育園から小学校の特別支援学級での生活を経て，中学校の特別支援学級へ進学した光の成長と新たな問題を描く。2004 年に TV ドラマが放送されている。

引用・参考文献

第1章

荒牧重人 (2009)「子どもの権利条約の成立・内容・実施」『[逐条解説] 子どもの権利条約』日本評論社

上田敏 (2002)「国際障害分類初版 (ICIDH) から国際生活機能分類 (ICF) へ―改定の経過・趣旨・内容・特徴 (特集 新しい障害の考え方：国際生活機能分類)」『ノーマライゼーション』22 (6)，9-14 頁

ヴォルフェンスベルガー (1982)『ノーマリゼーション―社会福祉サービスの本質』(中園康夫・清水貞夫編訳) 学苑社

尾上雅信・辻早紀 (2016)「Special Needs Education 概念に関する一考察―ウォーノック報告の検討を中心に」『岡山大学大学院教育学研究科研究集録』162 巻，1-14 頁

外務省 (2014)「障害者の権利に関する条約の説明書」https://www.mofa.go.jp/mofaj/files/000018095.pdf (2019 年 10 月 19 日最終閲覧)

解説教育六法編集委員会 (2019)『解説教育六法 2019』三省堂

喜多明人・森田明美・広沢明・荒牧重人編 (2009)『[逐条解説] 子どもの権利条約』日本評論社

グラニンガー，G.，ロビーン，J. (2007)『スウェーデン・ノーマライゼーションへの道―知的障害者福祉とカール・グリュネバルド』(田代幹康，シシリア ロボス訳著) 現代書館

厚生労働省 (2002)「国際生活機能分類―国際障害分類改訂版― (日本語版) の厚生労働省ホームページ掲載について」https://www.mhlw.go.jp/houdou/2002/08/h0805-1.html (2020 年 1 月 10 日最終閲覧)

国際連合 (国連) 情報センター「国際連合：その憲章と機構」https://www.unic.or.jp/info/un/ (2019 年 10 月 14 日アクセス)

国連障害者の権利条約事務局「Department of Economic and Social Affairs Disability」https://www.un.org/development/desa/disabilities/ (2019 年 10 月 9 日最終閲覧)

国連 障害者の権利条約：よくある質問 (英語サイト) https://www.un.org/development/desa/disabilities/convention-on-the-rights-of-persons-with-disabilities/frequently-asked-questions-regarding-the-convention-on-the-rights-of-persons-with-disabilities.html#iq1 (2019 年 12 月 11 日最終閲覧)

真城知己 (2003)『図説 特別な教育的ニーズ論―その基礎と応用』文理閣

真城知己 (2013)「インクルージョンに向けて」石部元雄・上田征三・高橋実・柳本雄次編『よくわかる障害児教育 』ミネルヴァ書房，10-13 頁

障害保健福祉研究情報システム (日本障害者リハビリテーション協会)「世界の動き」https://www.dinf.ne.jp/doc/japanese/world.html (最終閲覧 2019 年 10 月 11 日)

玉村公二彦 (2017)「インクルーシブ教育と合理的配慮に関する国際動向」『障害者問題研究』44 (4)，264-273 頁

内閣府 (2014)「障害者施策「障害者権利条約」」https://www8.cao.go.jp/shougai/un/kenri_jouyaku.html (最終閲覧 2020 年 1 月 8 日)

中央教育審議会 (2005)「特別支援教育を推進するための制度の在り方について (答申)」文部科学省

中野善達 (1997)『障害者連合と障害者問題 重要関連決議・文書集』エンパワメント研究所

ニィリエ，B. (1998)『ノーマライゼーションの原理―普遍化と社会変革を求めて』(河東田博・橋本由紀子・杉田穏子訳編) 現代書館

ニィリエ，B. (2008)『再考・ノーマライゼーションの原理 その広がりと現代的意義』(ハンソン友

子訳）現代書館

ハウグ, P., テッセブロー, J. 編 (2004)『インクルージョンの時代』(二文字理明監訳) 明石書店

花村春樹 (1998)『「ノーマリゼーションの父」N・E・バンク - ミケルセン—その生涯と思想』ミネルヴァ書房

松田武雄 (2004)『近代日本社会教育の成立』九州大学出版会

松友了編 (2000)『知的障害者の人権』明石書店

文部科学省 (2018)『平成 30 年度　文部科学白書』

UNESCO (2009) Policy Guidelines on Inclusion in Education.

United Nations (1994) Forty-eighth session, Agenda item 109, RESOLUTION ADOPTED BY THE GENERAL ASSEMBLY [on the report of the Third Committee (A/48/627)] 48/96. Standard Rules on the Equalization of Opportunities for Persons with Disabilities. https://www.un.org/disabilities/documents/gadocs/standardrules.pdf (2019/10/18 最終閲覧)

第 2 章

国立特別支援教育総合研究所 (2015)『特別支援教育の基礎・基本　新訂版』ジアース教育新社

越野和之 (1997)「通級による指導」『障害児教育大事典』旬報社, 584-585 頁

玉村公二彦ほか編著 (2019)『新版・キーワードブック特別支援教育』クリエイツかもがわ

東京都教育委員会「個別の教育支援計画」http://www.kyoiku.metro.tokyo.jp/school/document/special_needs_education/current_plan.html (2020 年 1 月 10 日最終閲覧)

中央教育審議会 (2015)「チームとしての学校の在り方と今後の改善方策について (答申)」

中央教育審議会　初等中等教育分科会　教育課程部会 (第 4 期第 10 回) 議事録・配付資料 [資料 6-2]「個別の指導計画」と「個別の教育支援計画」について [表 1] 小・中学校の通常の学級における個別指導計画の書式 http://www.mext.go.jp/b_menu/shingi/chukyo/chukyo3/004/siryo/attach/__icsFiles/afieldfile/2018/03/08/1402251_002.pdf (最終閲覧日：2019/10/15)

中央教育審議会　初等中等教育分科会　教育課程部会 (第 4 期第 10 回) 議事録・配付資料 [資料 6-2]「個別の指導計画」の作成例 http://www.mext.go.jp/b_menu/shingi/chukyo/chukyo3/004/siryo/attach/__icsFiles/afieldfile/2018/03/08/1402251_001.pdf (2020 年 1 月 10 日最終閲覧)

特殊教育に関する研究調査会 (1978)「軽度心身障害児に対する学校教育の在り方 (報告)」

特別支援教育の在り方に関する調査研究協力者会議 (2003)「今後の特別支援教育の在り方について (最終報告)」

文部科学省 (2004)「小・中学校における LD (学習障害), ADHD (注意欠陥／多動性障害), 高機能自閉症の児童生徒への教育支援体制の整備のためのガイドライン (試案)」

文部科学省 (2012) 初等中等教育局特別支援教育課「通常の学級に在籍する発達障害の可能性のある特別な教育的支援を必要とする児童生徒に関する調査結果について」(2012 年 12 月 5 日)

文部科学省 (2015) 中央教育審議会初等中等教育分科会教育課程部会教育課程企画特別部会「教育課程企画特別部会　論点整理」https://www.mext.go.jp/component/b_menu/shingi/toushin/__icsFiles/afieldfile/2015/12/11/1361110.pdf (2020 年 1 月 10 日最終閲覧)

文部科学省 (2017a)『小学校学習指導要領 (平成 29 年告示)』

文部科学省 (2017b)『中学校学習指導要領 (平成 29 年告示)』

文部科学省 (2017c)『特別支援学校幼稚部教育要領　小学部・中学部学習指導要領 (平成 29 年 4 月告示)』

文部科学省 (2017d)「発達障害を含む障害のある幼児児童生徒に対する教育支援体制整備ガイドライン」https://www.mext.go.jp/a_menu/shotou/tokubetu/1383809.htm (2020 年 1 月 10 日最終閲覧)

文部科学省 (2018a)『特別支援学校教育要領・学習指導要領解説　総則編 (幼稚部・小学部・中学部)』

文部科学省 (2018b)『特別支援学校教育要領・学習指導要領解説　各教科等編 (小学部・中学部)』

文部科学省 (2018c)『特別支援学校教育要領・学習指導要領解説　自立活動編 (幼稚部・初等部・小

　　学部・中学部)』

文部科学省 (2018d)『高等学習指導要領 (平成 30 年告示)』

文部科学省 (2018e)『障害に応じた通級による指導の手引　解説と Q & A (改訂第 3 版)』海文堂出版

文部科学省 (2018f) 初等中等教育局特別支援教育課「特別支援教育資料 (平成 29 年度)」https://www.mext.go.jp/a_menu/shotou/tokubetu/material/1406456.htm (2020 年 1 月 10 日最終閲覧)

文部科学省 (2019)『特別支援学校　高等部学習指導要領 (平成 31 年 2 月告示)』

第 3 章

青木隆一監修，全国盲学校長会編著 (2016)『見えない・見えにくい子供のための歩行指導 Q & A』ジアース教育新社

青柳まゆみ・鳥山由子編著 (2015)『視覚障害教育入門　改訂版』ジアース教育出版社

足利市第三者調査委員会報告書を読む会編 (2015)『検証　足利：中学生の就労死亡事件』エイデル研究所

American Psychiatric Association (2014)『DSM-5　精神疾患の分類と診断の手引』(日本精神神経学会日本語版用語監修，高橋三郎・大野裕監訳) 医学書院

荒牧重人ほか編著 (2017)『外国人の子ども白書　権利・貧困・教育・文化・国籍と共生の視点から』明石書店

伊藤正男・井村裕夫・高久文麿編 (2009)『医学書院 医学大辞典 (第 2 版)』医学書院

糸賀一雄 (1968)『福祉の思想』NHK 出版

井上輝子・上野千鶴子・江原由美子・大沢真理・加納実紀代編 (2002)『岩波女性学事典』岩波書店

岩立志津夫・小椋たみ子編 (2005)『やわらかアカデミズム・〈わかる〉シリーズよくわかる言語発達』ミネルヴァ書房

上田敏・大川弥生編 (1996)『リハビリテーション医学大辞典』医師薬出版

氏間和仁編著 (2013)『見えにくい子どもへのサポート Q & A』読書工房

内山喜久雄監修，内須川洸・高野清純編集 (1979)『言語障害事典』岩崎学術出版社

大沼直紀監修，立入哉・中瀬浩一編著 (2017)『教育オーディオロジーハンドブック―聴覚障害のある子どもたちの「きこえ」の補償と学習指導』ジアース教育新社

尾崎新編 (1999)『「ゆらぐ」ことのできる力　ゆらぎと社会福祉実践』誠信書房

香川邦生編著，猪野平眞理・大内進・牟田口辰巳著 (2016)『五訂版　視覚障害教育に携わる方のために』慶應義塾大学出版会

川野道夫 (2001)『聴覚・音声・言語障害の取り扱い PART3 言語障害』金原出版

日下奈緒美 (2015)「平成 25 年度全国病類調査にみる病弱教育の現状と課題」『国立特別支援教育総合研究所研究紀要』42，3-25 頁

厚生労働省 (2008) 社会・援護局障害保健福祉部企画課『平成 18 年身体障害児・者実態調査結果』https://www.mhlw.go.jp/toukei/saikin/hw/shintai/06/dl/01.pdf (2020 年 1 月 10 日最終閲覧)

厚生労働省 (2010)「第 55 回科学技術部会　資料 3 新規戦略研究の課題候補 (案) について」https://www.mhlw.go.jp/shingi/2010/02/dl/s0218-14c.pdf (2010 年 1 月 10 日最終閲覧)

厚生労働省「福祉用具」厚生労働省社会・援護局障害保健福祉部企画課自立支援振興室 https://www.mhlw.go.jp/stf/seisakunitsuite/bunya/hukushi_kaigo/shougaishahukushi/yogu/index.html (2010 年 1 月 10 日最終閲覧)

厚生労働省「e-ヘルスネット」https://www.e-healthnet.mhlw.go.jp/information/dictionary/heart/yk-040.html (2020 年 2 月 14 日最終閲覧)

厚生労働省「知的障害児 (者) 基礎調査：調査の結果」https://www.mhlw.go.jp/toukei/list/101-1c.html (2020 年 2 月 14 日最終閲覧)

国立特別支援教育総合研究所 (2012)『軽度・中等度難聴児の指導・支援のために―軽度・中等度難聴児をはじめて担当される先生へ』

国立特別支援教育総合研究所編著（2017）『病気の子どもの教育支援ガイド』ジアース教育新社

国立特別支援教育総合研究所「教育相談情報提供システム」―「アセスメントについて」http://forum.nise.go.jp/soudan-db/htdocs/?key=mudncwnlg-477（2020 年 2 月 14 日最終閲覧）

里見恵子・苫廣みさき・今村智子（2018）「C-4「計算する・推論する」の指導」花熊曉・西岡有香・山田充・田中容子責任編集『特別支援教育の理論と実践Ⅱ　指導　第 3 版』金剛出版

志水宏吉ほか（2013）『「往還する人々」の教育戦略 ―グローバル社会を生きる家族と公教育の課題』明石書店

新藤慶（2019）「外国につながる子どもの貧困と教育」佐々木宏ほか編著『シリーズ子どもの貧困③教える・学ぶ―教育に何ができるか』明石書店，105-128 頁

全国盲学校長会編著（2018）『新定番　視覚障害教育入門 Q & A―確かな専門性の基盤となる基礎的な知識を身に付けるために』ジアース教育出版

全国聾学校長会専門性充実部会編（2011）『聾学校における専門性を高めるための教員研修用テキスト　改訂版』

田口恒夫編（1996）『新訂　言語治療用ハンドブック』日本文化科学社

中央教育審議会初等中等教育分科会（2012）「共生社会の形成に向けたインクルーシブ教育システム構築のための特別支援教育の推進（報告）」

土屋良巳（2017）「重複障害教育の研究動向」柘植雅義・インクルーシブ教育の未来研究会編『特別支援教育の到達点と可能性』金剛出版

電通ダイバーシティ・ラボ（2019）「電通ダイバーシティ・ラボが「LGBT 調査 2018」を実施」http://www.dentsu.co.jp/news/release/2019/0110-009728.html（2020 年 1 月 10 日最終閲覧）

中塚幹也（2010）「学校保健における性同一性障害：学校と医療との連携」『日本医事新報』No.4521，60-64 頁

中塚幹也（2015）「岡山市の職員が知っておきたい 性的マイノリティ（LGBT）の基礎知識」http://www.city.okayama.jp/contents/000375143.pdf（2020 年 1 月 10 日最終閲覧）

日本育療学会編（2019）『標準「病弱児の教育」テキスト』ジアース教育新社

橋本重治（1972）『肢体不自由教育総説』金子書房，3 頁

パーマー，J.M.（2001）『ことばと聞こえの解剖学』（田辺等医学監修，三田地真実監訳）学苑社

日高庸晴（2017）「LGBT 当事者の意識調査～いじめ問題と職場環境などの課題～」http://www.health-issue.jp/topics/20170405002.html（2020 年 1 月 10 日最終閲覧）

ヒューゲル，ケリー（2011）『LGBTQ ってなに？セクシュアルマイノリティのためのハンドブック』（上田勢子訳）明石書店

病気療養児の教育に関する調査研究協力者会議（1994）『病気療養児の教育について（審議のまとめ）』

保坂亨（2019）『学校を長期欠席する子どもたち　不登校・ネグレクトから学校教育と児童福祉の連携を考える』明石書房

宮本重雄・細村迪夫（1980）『訪問教育の理論と実際』学苑社

文部科学省（1992）『学制百二十年史　二　養護学校の義務制実施と養護学校の整備』http://www.mext.go.jp/b_menu/hakusho/html/others/detail/1318339.htm（2020 年 1 月 10 日最終閲覧）

文部科学省（2003）『点字学習指導の手引（平成 15 年改訂版）』日本文教出版

文部科学省（2013）初等中等教育局特別支援教育課『教育支援資料―障害のある子供の就学手続と早期からの一貫した支援の充実』https://www.mext.go.jp/a_menu/shotou/tokubetu/material/1340250.htm（2020 年 1 月 10 日最終閲覧）

文部科学省（2015）「性同一性障害に係る児童生徒に対するきめ細かな対応の実施等について」（27 文科児生第 3 号）

文部科学省（2017a）『小学校学習指導要領（平成 29 年告示）』

文部科学省（2017b）『中学校学習指導要領（平成 29 年告示）』

文部科学省（2017c）『特別支援学校幼稚部教育要領　小学部・中学部学習指導要領（平成 29 年 4 月告示）』

文部科学省（2017d）「現代的健康課題を抱える子供たちへの支援―養護教諭の役割を中心として」

https://www.mext.go.jp/a_menu/kenko/hoken/__icsFiles/afieldfile/2017/05/01/1384974_1.pdf（2020 年 1 月 10 日最終閲覧）

文部科学省（2018a）『特別支援学校教育要領・学習指導要領解説　総則編（幼稚部・小学部・中学部）』

文部科学省（2018b）『特別支援学校教育要領・学習指導要領解説　各教科等編（小学部・中学部）』

文部科学省（2018c）『特別支援学校教育要領・学習指導要領解説　自立活動編（幼稚部・小学部・中学部）』

文部科学省（2018d）『高等学習指導要領（平成 30 年告示）』

文部科学省（2018e）初等中等教育局特別支援教育課「特別支援教育資料（平成 29 年度）」https://www.mext.go.jp/a_menu/shotou/tokubetu/material/1406456.htm（2020 年 1 月 10 日最終閲覧）

文部科学省（2018f）「学校基本調査―平成 30 年度結果の概要」http://www.mext.go.jp/component/b_menu/other/__icsFiles/afieldfile/2018/12/25/1407449_2.pdf（2020 年 1 月 10 日最終閲覧）

文部科学省（2019a）『特別支援学校　高等部学習指導要領（平成 31 年 2 月告示）』

文部科学省（2019b）『遠隔教育システム活用ガイドブック　第 1 版』https://www.mext.go.jp/content/1404424_1_1.pdf

文部科学省（2019c）「特別支援学校（視覚障害）中学部点字教科書の編集資料（平成 31 年 4 月）」https://www.mext.go.jp/a_menu/shotou/tokubetu/material/1414257.htm（2020 年 1 月 10 日最終閲覧）

文部科学省「かすたねっと（外国につながりのある児童・生徒の学習を支援する情報検索サイト）」https://casta-net.mext.go.jp/（2020 年 1 月 10 日最終閲覧）

文部省（1975）『重度・重複障害者児に対する学校教育の在り方について（報告）』http://www.mext.go.jp/b_menu/shingi/chukyo/chukyo3/003/gijiroku/05062201/001.pdf（2020 年 1 月 10 日最終閲覧）

山野上麻衣（2015）「ニューカマー外国人の子どもたちをめぐる環境の変遷 ―経済危機後の変動期に焦点化して」東京外国語大学多言語・多文化教育研究センター『多言語多文化：実践と研究』7, 116-141 頁

山本晃輔（2016）「ブラジルに帰国した人々の教育戦略とその帰結に関する　研究：トランスナショナルな社会空間を生きる親と子どもの生活史から」（博士論文，大阪大学）http://hdl.handle.net/11094/56024（2020 年 1 月 10 日最終閲覧）

RYOJI ＋砂川秀樹編（2007）『カミングアウト・レターズ　子どもと親，生徒と教師の往復書簡』太郎次郎社エディタス

脇中起余子（2013）『「9 歳の壁」を越えるために―生活言語から学習言語への移行を考える』北大路書房

早稲田大学教育総合研究所監修（2015）『LGBT 問題と教育現場―いま，わたしたちにできること』学文社

Baddeley, A. D.（2000）The episodic buffer: A new component of working memory? *Trends in Cognitive Sciences*, 4, 417-423.

Hidaka,Y., Don Operario, Mie Takenaka, Sachiko Omori, Seiichi Ichikawa, Takuma Shirasaka（2008）Attempted suicide and associated risk factors among youth in urban Japan, *Social Psychiatry Psychiatr Epidemiol*, 43：752–757.

第 4 章

外務省「障害者の権利に関する条約（略称：障害者権利条約）」https://www.mofa.go.jp/mofaj/gaiko/jinken/index_shogaisha.html（2020 年 1 月 10 日最終閲覧）

黒川君江（2018）「これからの特別支援教育コーディネーターへ　～今後のみなさんに願うこと，期待すること」全日本特別支援教育研究連盟『特別支援教育研究第』725 号／1 月号，東洋館出版社

清水貞夫（2004）『アメリカにおける軽度発達障害教育』クリエイツかもがわ

玉村公二彦・中村尚子（2008）『障害者権利条約と教育』全障研出版部

中央教育審議会 (2015)「チームとしての学校の在り方と今後の改善方策について (答申)」

文部科学省 (1999)『盲学校，聾学校及び養護学校　小学部・中学部学習指導要領 (平成 11 年 3 月 29 日文部省告示第 61 号　平成 15 年 12 月 26 日一部改正)』国立教育政策研究所 (学習指導要領データベース) http://www.nier.go.jp/guideline/h10sej/index.htm (2020 年 1 月 10 日最終閲覧)

文部科学省 (2004)「小・中学校における LD (学習障害)，ADHD (注意欠陥／多動性障害)，高機能自閉症の児童生徒への教育支援体制の整備のためのガイドライン (試案)」

文部科学省 (2013) 初等中等教育局特別支援教育課『教育支援資料—障害のある子供の就学手続と早期からの一貫した支援の充実』https://www.mext.go.jp/a_menu/shotou/tokubetu/material/1340250.htm (2020 年 1 月 10 日最終閲覧)

文部科学省 (2015)「文部科学省所管事業分野における障害を理由とする差別の解消の推進に関する対応指針」https://www.mext.go.jp/a_menu/shotou/tokubetu/1321526.htm (2020 年 1 月 10 日最終閲覧)

文部科学省 (2017a)『中学校学習指導要領 (平成 29 年告示)』

文部科学省 (2017b)『特別支援学校幼稚部教育要領　小学部・中学部学習指導要領 (平成 29 年 4 月告示)』

文部科学省 (2017c) 初等中等教育局特別支援教育課「高等学校における「通級による指導」実践事例集」http://www.mext.go.jp/component/a_menu/education/micro_detail/__icsFiles/afieldfile/2018/01/22/1400144_2.pdf (2020 年 1 月 10 日最終閲覧)

文部科学省 (2017d)『発達障害を含む障害のある幼児児童生徒に対する教育支援体制整備ガイドライン』http://www.mext.go.jp/component/a_menu/education/micro_detail/__icsFiles/afieldfile/2017/10/13/1383809_1.pdf (2020 年 1 月 10 日最終閲覧)

文部科学省 (2018a)『特別支援学校教育要領・学習指導要領解説　自立活動編 (小学部・中学部)』

文部科学省 (2018b) 初等中等教育局特別支援教育課「平成 27 年度特別支援学校のセンター的機能の取組に関する状況調査について」http://www.mext.go.jp/a_menu/shotou/tokubetu/material/__icsFiles/afieldfile/2017/03/14/1383107.pdf (2020 年 1 月 10 日最終閲覧)

文部科学省「特別支援教育について」https://www.mext.go.jp/a_menu/shotou/tokubetu/main.htm (2020 年 2 月 10 日最終閲覧)

索　引

[編著者紹介]

是永　かな子（これなが・かなこ）

1973 年　大分県生まれ
2002 年　東京学芸大学大学院連合学校教育学研究科学校教育学専攻発達支援
　　　　　講座修了　　博士（教育学，東京学芸大学）
現　在　高知大学教育研究部人文社会科学系教育学部門教授
専　攻　特別支援教育学（特別ニーズ教育，北欧の特別教育制度）
主　著　『スウェーデンにおける統一学校構想と補助学級改革の研究』（風間書
　　　　　房，2007 年）

尾高　進（おだか・すすむ）

1967 年　埼玉県生まれ
2001 年　東京学芸大学大学院連合学校教育学研究科 学校教育学専攻生活・技
　　　　　術系教育講座修了　　博士（教育学，東京学芸大学）
現　在　工学院大学教育推進機構教職課程科教授
専　攻　知的障害児技術教育学
主　著　「1930 年代における城戸幡太郎の技能観とその意義―知能との関係を
　　　　　中心に―」（『産業教育学研究』第 49 巻第 2 号，2019 年）

やさしく学ぶ教職課程　**特別支援教育**

2020 年 4 月 20 日　　第 1 版第 1 刷発行
2024 年 1 月 30 日　　第 1 版第 4 刷発行

編著者　是永かな子
　　　　尾高　　進

発行者　田中　千津子

発行所　株式
　　　　会社 学文社

〒153-0064　東京都目黒区下目黒3-6-1
電話　03（3715）1501 ㈹
FAX　03（3715）2012
https://www.gakubunsha.com

印刷　新灯印刷
Printed in Japan

ISBN978-4-7620-2974-5